Fred Kurt:

Das Management von Mutter Natur

Eine Einführung in die Ökologie

Deutscher
Taschenbuch
Verlag

dtv

Die Beiträge dieses Buches wurden zum Teil zuerst veröffentlicht in der Zeitschrift ›natur. Das Umweltmagazin‹
Redaktion: Friedrich Kur

Originalausgabe
November 1985

Umschlaggestaltung: Celestino Piatti
Umschlagzeichnung: Reinhild Hofmann, München
Gesamtherstellung: C. H. Beck'sche Buchdruckerei, Nördlingen
Printed in Germany · ISBN 3-423-10502-X

Inhalt

Das Buch

Vor anderthalb Jahrzehnten gehörte »Ökologie« noch nicht zum Wortschatz des Normalbürgers. Davon verstanden nur einige Naturwissenschaftler etwas, der Limnologe zum Beispiel oder der Meeresbiologe. Heute gehört »Ökologie« zu den Schlagwörtern, die in Diskussionen das Argument ersetzen. Denn »Ökologie« bedeutet für die Streitenden oft sehr viel Emotionales und ziemlich wenig Sachliches. Fred Kurt holt in seinem Buch die Ökologie aus den Wolken der mehr oder weniger unverbindlichen, der mehr oder weniger politischen Diskussion wieder zurück auf den wirklichen Boden der Natur, wo Ökologie sich mit den Lebensräumen befaßt, die durch ihre jeweils spezifische Gemeinschaft von Lebewesen und durch ihre besonderen klimatischen, geographischen und geologischen Gegebenheiten charakterisiert sind. Ihm geht es um die Beschreibung der Lebensräume und um das Verständnis für die Systeme und Mechanismen, die auf das durchgängige Prinzip von Maß, Ausgleich und Stabilität gerichtet sind. Er zeigt, wie Individuum und Population zueinander stehen, erläutert evolutionäre Abläufe, führt vor, wie Räuber und Beute ein bestens funktionierendes System bilden oder welche Funktion und Eigenart »Grenzen« und »Inseln« haben.

Der Autor

Dr. Fred Kurt, 1939 geboren, ist Biologe. Er war Mitbegründer der Wildforschung in der Schweiz und studierte ab 1960 Sozialverhalten und Ökologie der Mantelpaviane in Äthiopien, der Rehe in der Schweiz, der Elefanten, Hirsche, Nashörner, Raubkatzen und Orang-Utans in Südasien. Außerdem plante er Reservate in Indonesien, Indien und Afrika. Kurt lehrt zur Zeit Ökologie am Seminar für Pädagogische Grundausbildung in Zürich. Veröffentlichungen u. a.: ›Wildtiere in der Kulturlandschaft‹ (1977), ›Naturschutz – Illusion und Wirklichkeit‹ (1982).

natur im dtv

Tierleben aktuell (10421)
Natur-Denkstücke (10422)
Die bitteren Leiden des süßen Wassers (10486)
Fred Kurt: Das Management von Mutter Natur (10502)
Natur-Berufsbilder (10515)

Vorwort

Fließgleichgewicht, Recycling, Aufschaukelung oder die Redensart vom »fressen und gefressen werden« sind in Mode gekommene Begriffe aus der Ökologie, jener jungen Naturwissenschaft, die die Lebensäußerungen von Lebensgemeinschaften beschreibt, dabei die Grenzen zwischen Einzeldisziplinen wie Physiologie, Zoologie oder Botanik, Geographie, Hydrologie oder Bodenkunde überspringt und ihre Erkenntnisse nicht allein in der Analyse isolierter Objekte findet, sondern in der Synthese möglichst vieler möglicherweise zusammenwirkender Aspekte.

Seit Umwelt- und Naturschutz zu den dringendsten Anliegen der Gesellschaft wurden, eroberten Schlagworte aus der Ökologie die Medien. Manch einer schreitet sogar zur Tat und baut sich einen »Biotop« im Garten. Gemeint ist damit ein Teich aus Folie oder Zement, in dem eine Handvoll Wasserpflanzen blühen, Frösche quaken oder Wasserläufer feinsten Abfall suchen. Der Begriff »Biotop« ist jedoch reserviert für die Gesamtheit aller abiotischen (unbelebten) Teile eines Systems wie etwa Gestein, Niederschläge, Sonneneinstrahlung oder Exposition des Geländes. Was aus Menschenhand auf einigen Quadratmetern im Garten entsteht, was in der Kulturlandschaft an natürlichem Leben oft auf wenige Quadratmeter zusammengedrängt wird und deshalb unseren Schutz braucht, sind Lebensgemeinschaften, sogenannte Biozönosen. Biotop und Biozönosen, die Gesamtheit der Lebewesen eines Standortes, bilden zusammen das ökologische System, womit wir wiederum bei einem der gängigen Schlagworte sind. In der scheinbar unentwirrbaren Fülle von Arten, Einzel-Lebewesen und Eigenschaften der unbelebten Natur jedes ökologischen Systems fließt umgewandelte Sonnenenergie, zirkulieren Nährstoffe, beeinflussen sich Arten gegenseitig als Beute oder Räuber, als Konkurrenten oder Symbiosepartner, was sich in der Artenvielfalt und Mannigfaltigkeit äußert und im Laufe der Zeit in der Stabilität des Systems. Und spätestens an Begriffen wie Vielfalt und Stabilität entzünden sich die Geister: Systemtheoretiker und theoretische Ökologen, die die verschiedensten Ökosysteme miteinander vergleichen, stellen nämlich die Richtigkeit des Satzes »Vielfalt erzeugt Stabilität« in Frage. Kaum in Frage stellt ihn dagegen der Pflanzensoziologe, der verschiedene Lebensabschnitte einer sich allmählich verändernden Lebensgemeinschaft miteinander vergleicht. Je artenreicher und damit vielfältiger sie ist, um so stabiler verhält sie sich gegenüber Störungen von außen. Und der Naturschützer schließlich rechtfertigt häufig seine Bestrebungen um die Erhaltung bedrohter Arten mit der Hoffnung, ein artenreiches, möglichst »vollständiges« System sei eben stabiler als ein vom Menschen mannigfaltig beeinflußtes und damit in seiner Artzusammensetzung »unvollständiges«.

Allein schon der Begriff »Vielfalt« zeigt die Grenzen moderner Ökologie, für den Fachmann wie für den Laien, für die ökologische Forschung und ganz besonders für die Vermittlung ökologischen Wissens. Denn zum einen setzt er eine umfassende Artenkenntnis voraus. Doch um die Artenkenntnis steht es heute selbst bei Biologen schlechter bestellt denn je. Während noch vor zwanzig Jahren jeder junge Student die einheimischen Amphibien- und Reptilienarten, Dutzende von Schmetterlings-, Vogel- und Pflanzenarten namentlich kannte und sie verhältnismäßig leicht beobachten konnte, fehlt heute meist schon die Möglichkeit der Beobachtung in freier Natur. Und die mühsam in trockenen faunistischen und floristischen Kursen erworbenen Kenntnisse reichen bestenfalls bis zum nächsten Zwischenexamen aus.

Die dürftigen Artenkenntnisse erschweren häufig nicht nur die ökologische Forschung, sondern auch das Vermitteln ökologischer Zusammenhänge. Wie begreift jemand die Vielfalt eines Auwaldes, wenn er die darin vorkommenden Pflanzen und Tiere nicht annähernd kennt? Artenkenntnis ist gewissermaßen das Alphabet moderner Ökologie, Statistik gewissermaßen das kleine Einmaleins; damit sind wir beim zweiten Hindernis in der Vermittlung ökologischen Gedankengutes. Jeder spricht zum Beispiel von Vielfalt und Mannigfaltigkeit. Doch wie werden sie gemessen? Die bloße Anzahl der in einem Ökosystem vorkommenden Arten sagt herzlich wenig aus. Ein Wert, der neben Artenvielfalt ebenfalls die Häufigkeit von den einzelnen Individuen jeder einzelnen Art beinhaltet, läßt sich nach dem Shannon-Wiener-Index leicht auf jedem modernen Taschenrechner berechnen und zwar nach der Formel $H = - \Sigma p_i \cdot \log p_i$. Derartiges langweilt aber den Laien und ist in einem populärwissenschaftlichen Buch über ökologische Phänomene sicher ebenso fehl am Platze wie die Auflistung wenig bekannter Tier- und Pflanzenarten.

Das vorliegende Buch ist demnach unvollständig, nicht mehr als eine Sammlung kleiner Denkstücke zu Themen moderner Ökologie, wie beispielsweise: Warum müssen echte Egoisten kooperieren? Warum können einzelne Arten zwischen ökologischen Systemen nicht ausgetauscht werden, obwohl eigentlich in jedem System das gleiche ökologische »Theaterstück« aufgeführt wird?

Anhand leicht faßlicher Beispiele versuche ich darzustellen, daß in der Regel nicht der Räuber seine Beute, sondern umgekehrt die Beute ihren Wiedersacher kontrolliert.

Ebenso behandle ich die Frage nach Stabilität, Konkurrenz und natürlichen Veränderungen der Systeme, ein Kapitel, das hoffentlich Vertreter des konservierenden Naturschutzes interessieren wird. Auch die letzten drei Kapitel des Bandes befassen sich im Grunde genommen mit der Naturschutzproblematik. In der Kulturlandschaft überleben nämlich einige wenige Anpasser, etwa Reh und Lachmöwe, und dies zum Teil auf Kosten anderer Lebewesen. Andere Arten, etwa der Feldhase, sterben unweigerlich aus.

Zwar schützen wir, was noch zu schützen ist, in Reservaten; doch – dies läßt sich leider durch sachliche Überlegungen ebenfalls herleiten – sind solche wohlgemeinten Unternehmungen meist nicht mehr als der Anfang eines sicheren Endes. Reservate, kleine künstliche Naturinseln, können gegen die Zivilisationslandschaft des Menschen nicht abgegrenzt werden, und sie zerstören sich selbst. Ich weiß, daß solche Äußerungen Widerspruch erwecken, der kritisches Mitdenken voraussetzt. Und gerade dieses kritische Mitdenken hoffe ich mit den vorliegenden Aufsätzen zu erreichen.

1. Echte Egoisten kooperieren

Wie du mir, so ich dir

Blattläuse bohren mit ihren Rüsseln Pflanzen an. Der Überdruck in den Leitbündeln spült die Nährflüssigkeit der Pflanzen in die Blattlausmägen. Hier wird lediglich Eiweiß verdaut, die Stärke zwar durch ein Speichelferment in Zucker verwandelt, doch dann als süßer Honigtau ausgeschieden. Auf den ersten Blick hat die Blattlaus nichts von ihrem Nektar. Aber immerhin ist er wichtige Nahrung für Insekten, für Bienen, Wespen, Schwebefliegen und Ameisen. Ameisen holen sich den Blattlausnektar an der Quelle. Sie bestreicheln und betrillern den Blattlaushintern – irrtümlich gewissermaßen. Seine Silhouette sieht nämlich dem Ameisenkopf zum Verwechseln ähnlich. So »begrüßte« Blattläuse spannen den Leib, richten ihn auf und geben ein Tröpfchen Zuckerwasser ab.

Zwar wirkt der Irrtum gelegentlich komisch – etwa wenn eine gesättigte Ameise versucht, einen Blattlaushintern zu füttern –, doch ökologisch gibt es durchaus einen Sinn: Blattläuse versorgen Ameisen mit hochwertiger Nahrung. Dafür erhalten sie Schutz vor vielen Widersachern – in einigen Fällen sogar einen feindsicheren Stall: So baut die Ameise *Lasius brunneus* über die Kolonien von *Stomachis,* einer Blattlaus, die von Weiden und Pappeln lebt, kleine Dächer aus faulem Holz und trägt ihre Milchkühe aus defekter Unterkunft in heile Ställe. Aber auch Blattlausherden, die im Freien wohnen, leben unter Ameisenschutz sicherer – sie vermehren sich stark und steigern ihre Honigtauproduktion, was häufig am Honigertrag der Bienen meßbar ist: In Nadelwäldern, in denen Rote Waldameisen Blattläuse halten, holen die Bienen zwanzigmal mehr tierischen Nektar. Offenbar wurden Blattläuse für einige Ameisenarten dermaßen bedeutend, daß sie sie gleich im Stock halten. Bei der Gründung neuer Kolonien trägt die paarungsbereite Ameisenprinzessin, gewissermaßen als Mitgift, ein schwangeres Blattlausweibchen mit auf den Hochzeitsflug.

Mit der Erklärung derartigen Verhaltens hatten die Evolutionsbiologen bisher Schwierigkeiten. Wie kann es in einer Welt aus puren Egoisten zur Kooperation kommen – zu Symbiosen, wie sie auch zwischen blütenbestäubenden Tieren und nektarspendenden Pflanzen oder zwischen tarnender Seeanemone und futterbeschaffendem Einsiedlerkrebs bekannt sind? Wieso kümmern sich diese Egoisten um fremde Interessen, ohne daß man ihnen Edelmut oder Angst vor Strafe unterstellen kann?

Eine zumindest modellhafte Erklärung dafür blieb die Evolutionsbiologie bisher schuldig, denn der Beweis lag nicht vor, wie aus Nicht-Kooperation Kooperation wird, welche Kooperationsstrategien am besten taugen und wie sie sich durchsetzen. Inzwischen wurde sie, als Denkansatz zumindest, gefunden, und zwar von dem amerikanischen Politologen Robert Axelrod. Das Erstaunliche: Die Strategie kann von einem Bakterium ebenso leicht benutzt werden wie von einem Gorillarudel. Dazu bedarf es keines Gehirns, sie ist eher »reflexiv« und damit dem Kniesehnenreflex vergleichbar. Diese Erkenntnis, so der amerikanische Mathematiker Douglas R. Hofstadter, sollte Leuten zu denken geben, »die meinen, kooperatives Verhalten lasse sich nur durch Androhung einer gräßlichen Strafe im Jenseits oder durch tröstliche Aussicht auf himmlische Belohnung erzwingen«.

Robert Axelrod stützt sich bei seinem Gedankenexperiment auf Versuche mit verschiedenen Spielstrategien, die er in Computerprogrammen ablaufen ließ. Seinen Ausgangspunkt hat Douglas R. Hofstadter in der amerikanischen Zeitschrift ›Scientific American‹ (deutsch in ›Spektrum der Wissenschaft‹, 8/1983) so beschrieben:

Man stelle sich einen Käufer vor, der von einem Händler eine Ware gegen Geld erwerben möchte. Aus irgendeinem Grunde kann die Transaktion nur so ablaufen, daß der Händler die Ware in einen Sack steckt und in einem Versteck vergräbt, während der Käufer einen Sack mit Geld an anderer Stelle deponiert. Danach geht jeder zum Versteck des anderen, um sich zu bedienen. Angenommen sei weiter, daß sich beide nicht kennen und auch kein persönliches Interesse aneinander haben – jeder ist nur auf seinen eigenen Vorteil bedacht. Was geschieht?

Der Käufer überlegt: Wenn ich meinen Sack ehrlich mit Geld fülle, dann bin ich auf die Ehrlichkeit des anderen angewiesen, nur dann bekomme ich den Gegenwert. Wenn der andere mich betrügt, bin ich mein Geld los – für nichts. Wenn ich aber einen leeren Sack vergrabe, dann kann mich der andere nicht schädigen – gleich, was er tut. Im schlimmsten Fall bekomme ich keine Ware und behalte mein Geld. Und falls der Händler dummerweise doch ehrlich ist, habe ich alles umsonst. Also ist es logisch, einen leeren Sack zu vergraben.

Dieselbe Überlegung stellt natürlich auch der Händler an, nur mit umgekehrten Vorzeichen: Auch er hinterläßt (bei rationalem, egoistischem Kalkül) einen leeren Sack. So führt diese Spielsituation zu dem paradoxen Ergebnis, daß die Partner letztlich gegen ihre Interessen handeln müssen, denn der eine wollte ja etwas kaufen und der andere lebt schließlich vom Verkauf. Hier aber lohnt sich Ehrlichkeit nicht.

Die Lage ändert sich, wenn beide Partner damit rechnen, die Transaktion noch viele Male zu wiederholen. Dann brächte der Betrug nur einen kurzfristigen Vorteil und würde auf lange Sicht jedes Geschäft vereiteln. Eine vernünftige Strategie wäre es jetzt zu kooperieren, also seinen Sack zu füllen. Was aber soll man tun, wenn – nach einigen Spielrunden – ein Partner plötzlich betrügt? Soll man sicherheitshalber selbst von nun an nur noch betrügen, oder soll man es wieder mit der Kooperation versuchen? Diesen Fragen ist Robert Axelrod an der Michigan-Universität in Ann Arbor nachgegangen – mit einem Computer-Turnier für verschiedene Spielstrategien. Sein Ergebnis: Kooperationsbereitschaft lohnt sich – jedenfalls in den meisten Fällen.

Axelrod lud Spieltheoretiker (die solche Standard-Spielsituationen mathematisch untersuchen) ein, Strategieprogramme für dieses Kooperations- und Mogelduell einzusenden. Eine »Strategie« besteht hier aus einem Regelwerk zur Auswahl der Alternativen »Kooperation« oder »Betrug«. Eine mögliche Strategie ist zum Beispiel »Immer betrügen«, eine andere wäre »Immer kooperieren«. Eine dritte wäre: »Jedesmal auswürfeln, was zu tun ist«. Weitere Strategien richten ihre Kooperationsbereitschaft nach ihren Erfahrungen mit dem Partner. (Mit Streichhölzern kann man dieses Spiel leicht nachspielen: Ein Streichholz in der geschlossenen Faust bedeutet »Kooperation«, die leere Faust ist »Betrug«. Der Spielausgang wird sichtbar, wenn beide Spieler ihre Faust öffnen.) Zur Gewinnberechnung setzte Axelrod folgende Punktbewertung an:

- Ein kooperierender Spieler bekommt drei Punkte, wenn auch der Partner kooperiert; er bekommt keinen Punkt, wenn der Partner betrügt.
- Ein betrügender Spieler bekommt fünf Punkte, wenn der Partner kooperiert; er bekommt einen Punkt, wenn auch der Partner betrügt.

Nach diesen Regeln ließ Axelrod sechzig der eingesandten Strategien gegeneinander antreten. Jede spielte zweihundertmal gegen jede andere (und sich selbst), konnte kooperieren, verraten, rein zufällig handeln, das Verhalten des Rivalen miteinbeziehen oder nicht. Wichtig war, wer nach zweihundert Spielrunden am meisten Punkte gesammelt hatte. Gewinner war die Strategie des berühmten kanadischen Spieltheoretikers Anatol Rapoport; er nannte sie »Tit for Tat« (»Wie du mir, so ich dir«). Sie lautet: Kooperieren beim ersten Mal; dann tu das, was der Partner im Zug davor getan hat. Mit dieser simplen Regel hat Rapoports Strategie »Wie du mir, so ich dir« die meisten Punkte eingeheimst.

Was für die Evolutionstheorie wichtig ist: Diese Strategie war nicht überwiegend Sieger in den Duellen mit ihren Gegnern, weil sie dank ihrer Kooperationsbereitschaft oft verlieren mußte. Sie hat nur – mit ihrer begrenzten Aggressivität – am Schluß die meisten Punkte gesammelt. So zeigt dieses einfache Experiment, daß Kooperation auch für Egoisten dienlich sein kann. Zu dieser Erkenntnis kamen die simplen Strategieprogramme, die Axelrod in seinem Computer getestet hat: Intelligenz ist dazu nicht erforderlich, nur ein minimales Erinnerungsvermögen.

Der gleichen Strategie bedient sich etwa der Feigenbaum im Umgang mit seinem wichtigsten Komplizen, der winzigen Feigengallwespe. In dieser äußerst komplizierten Symbiose bestäubt das Insekt nicht nur die weiblichen Blüten, sondern legt auch seine Eier in sie. Gelegentlich kommt es vor, daß Gallwespen unbestäubte Blüten mit dem Legestachel anbohren und Eier legen, also »betrügen«. In diesem Fall zieht die Pflanze gleich, »betrügt« auch und läßt die Blüte welken. Der Gallwespennachwuchs kommt nicht auf. Die Raupen des Insekts schlüpfen und wachsen nämlich nur in bestäubten Blüten. Der Baum quittiert also Kooperation mit Kooperation, Betrug mit Betrug.

Kooperation, das zeigen die Computer-Simulationen wie auch die Beobachtung der Natur, ist Teil einer erfolgreichen Überlebensstrategie, die auch egoistische Geschöpfe übernehmen müssen. Ameisen und Blattläuse jedenfalls haben ihre Lektion perfekt gelernt:

- Alljährlich vergiftet ein Staat Roter Waldameisen Abermillionen von Gliedertieren und schleppt sie in sein Nest. Aber die räuberischen Insekten jagen keine Blattlaus, sondern investieren einen beachtlichen Teil ihrer Arbeitszeit für den Schutz der Blattlauskolonie.
- Blattläuse verwandeln die Stärke aus den Pflanzensäften in Zukker, der für ihre Ernährung völlig überflüssig ist und nur anderen Insekten dient. Und wenn die Blattläuse den Ameisen begegnen, dann verzichten sie auf die üblichen Abwehrmechanismen anderen Insekten gegenüber.

Kooperationen, wie wir sie zwischen Ameisen und Blattläusen oder zwischen Feigenbäumen und Gallwespen kennen, sind offenbar für die betroffenen Arten Merkmale von arterhaltender Bedeutung. Eine Frage drängt sich jetzt auf: Wie haben sich die kooperierenden Strategien im Laufe der Entwicklungsgeschichten jeder der doch so verschiedenen Tier- und Pflanzenarten gegen unberechenbare oder gar aggressive Strategien schließlich durchsetzen können?

Axelrod hat in einem weiteren Computer-Versuch die Vermehrung kooperierender und das Aussterben weniger geeigneter Verhaltensweisen darstellen können. Für diesen zweiten Wettkampf der Spielstrategien hatte er wiederum fünf Dutzend Programme zur Verfügung. Er ließ sie nach den Regeln seines ersten Experiments gegeneinander antreten. Dabei mußte jede Strategie gegen jede andere und gegen sich selbst zweihundertmal spielen. Danach verglich Axelrod die gesammelten Punkte und sorgte dafür, daß die erfolgreichen Programme in der folgenden Spielrunde zahlreicher, die weniger erfolgreichen dagegen seltener wurden.

Das hatte für die übriggebliebenen folgenschwere Konsequenzen: Die Zusammensetzung der Gegnerschaft hatte sich verändert. Und so kam es vor, daß rabiate Programme, welche die »dümmeren« nach Strich und Faden schröpften – also durch wenig Kooperation große Gewinne machen konnten – bald keine »Dummen« mehr fanden, auf deren Kosten sie sich bereichern konnten. Die Rabiaten starben aus, und die Kooperationsbereiten setzten sich letztendlich durch. Genau so würde sich ein Beutegreifer selbst umbringen, der wehrlose Beute stärker bejagt, als sie sich fortpflanzen kann. Großen Nutzen aus der Unterlegenheit anderer zu ziehen, ist also eine selbstzerstörerische Tat.

Nach einigen tausend Spielrunden (im Computer geht es schnell), die einigen tausend Generationen entsprechen, sichtete Axelrod den Bestand der überlebenden Strategien: Rapoports genial-einfaches »Wie du mir, so ich dir« hatte sich am meisten vermehrt und war so zur erfolgreichsten Strategieart herangewachsen.

Wohlgemerkt: Das Rapoport-Programm machte seine Gewinne nicht auf Kosten anderer. Es hatte keine Rivalen besiegt und vernichtet – weil es gar nicht siegen kann. Es kooperiert im ersten Schritt und zieht damit im besten Fall mit seinem Rivalen gleich, falls der auch kooperiert – andernfalls verliert es. Allerdings verliert es nie sehr viel, weil es sich durch Betrug sofort zur Revanche provozieren läßt (wie der Feigenbaum im Umgang mit der allzu legefreudigen Gallwespe). Daß kooperierende Lebensgemeinschaften – ohne geheimnisvolle zielgerichtete Kräfte – überall in der Natur häufig zu beobachten sind, läßt sich nun mit einfachen Modellen erklären. Ebenso verständlich ist es, daß die Kooperationsfähigkeit keinerlei Ansprüche an die Intelligenz der Lebewesen stellt.

Die »Wie du mir, so ich dir«-Strategie ist dermaßen simpel, daß sie sogar von einem absolut gehirnlosen Einzeller, einem Bakterium zum Beispiel, gespielt werden kann, sofern er nur mit einem andern Organismus verkehrt. Bakterien reagieren äußerst empfindlich auf ihre chemische Umgebung, »erkennen« also den Spielpartner. Folglich überlebt jeder Bakterienstamm in einem ihm zusagenden Milieu, wo er andere Lebewesen gleichermaßen beeinflußt, wie er von ihnen beeinfluß werden kann.

Rhizobium-Bakterien zum Beispiel sind in der Lage, in den Wurzeln von Schmetterlingsblütlern Knöllchen zu bilden. Hier leben sie als Pflanzenparasiten. Doch einige von ihnen bezahlen die »Kooperation« ihres Wirtes, indem sie ihn mit gebundenem Luftstickstoff versorgen. Beide gingen damit eine Symbiose ein, die Leben in nährstoffarmen Lebensräumen ermöglicht.

Im gleichen Sinn haben die »Wie du mir, so ich dir«-Programme von bestimmten Algen- und Pilzarten sich zu Flechten vereinigt, Lebensgemeinschaften, die zum Beispiel in Polnähe oder im Hochgebirge extremsten Umweltbedingungen trotzen, und zwar in permanenter Tuchfühlung. Nicht von ungefähr sind Seeanemone und Einsiedlerkrebs ebenso unzertrennlich wie Mycorrhiza-Pilze und bestimmte Bäume, die sie in ihren Wurzeln gefangen halten, oder die Säugetiere und die für ihre Verdauung unerläßlichen Kolonien im Darm wohnender Einzeller. Die kooperierenden Partner müssen sich dank ständigem Beisammensein nicht suchen, können sich nicht verwechseln und – falls der eine nicht mehr kooperieren will – auch sofort bestrafen. Wo Symbiosepartner nicht dauernd beieinander wohnen, schließen andere Mechanismen Verwechslungen aus.

Die vielen Arten von »Putzerfischen« und Krebsen zum Beispiel, die größere Raubfische von Außenparasiten reinigen, sind ebenso wie ihre Wirte Bewohner von Küsten und Riffen, Lebensräumen, in denen Tiere standortstreu in kleinen Territorien leben. Jeder Partner weiß demnach ganz genau, wo er den andern treffen kann. Auch Blütensignale wirken in diesem Sinn: Ihre Formen, Farben und Düfte sind genau auf die Sinnesleistungen ihrer Partner abgestimmt, seien dies nun Vögel, Fledermäuse oder andere Säugetiere, Bienen, Schmetterlinge oder Fliegen. Erscheint der richtige Spielpartner auf der Blüte, so wird er mit Nektar belohnt. Trifft dagegen der Falsche ein, so wird er »bestraft«: Er erreicht die Nektarquelle nicht. Ihre Vorfahren waren einmal ganz gewöhnliche »egoistische« Pflanzenfresser und Pollenräuber. Doch unzählige »Spielrunden« nach dem Prinzip des »Wie du mir, so ich dir« machten aus dem Widersacher den Bestäuber, der just, weil er Teile seiner »Beute« frißt, diese vermehrt.

Ein großer Teil der Blütenpflanzen paktiert mit Bienen, Hummeln und Schmetterlingen, mit Fliegen, Mücken und Käfern. Sie halten süßen, nährstoffreichen Nektar für die Besucher bereit. Diese transportieren bei ihrer Nahrungssuche den Blütenstaub, der die männlichen Geschlechtszellen enthält, von einer Blüte zu einer anderen der gleichen Art, wo sie den Staub mit der Narbe in Verbindung bringen.

In der langen gemeinsamen Entwicklung zwischen Blütenpflanzen und bestäubenden Insekten bildeten die Pflanzen verblüffende »Werbegags« aus. Denn: Es genügt für ihre Arterhaltung nicht, wenn ein Besucher nach der Verköstigung irgendeine andere blühende Pflanzenart aufsucht. Wichtig ist, daß er beim gleichen Produkt bleibt.

Pflanzen, die aasliebende Fliegen oder Käfer mit klebrigem Blütenstaub am Chitinhemd auf die Reise schicken, halten wenig von Plakatwerbung. Was zählt, ist Duft. Mit fauligem Gestank locken etwa die unscheinbaren Blüten der Edelkastanie oder des Efeus; Bienen-, Hummel- und Falterblumen dagegen werben mit wohlriechendem Duft, farbenprächtigen Signalen und, jedenfalls zum Teil, mit Exklusivität, wie etwa die Nelken. Ihre tief im röhrenförmigen Blütenkelch versteckte Nektarquelle ist nur Schmetterlingen mit langen Saugrüsseln zugänglich. Das Seifenkraut zum Beispiel wird vor allem von Schwärmern bestäubt. Dementsprechend wirbt es: Der Blütenduft ist in der Dämmerung, wenn diese Schmetterlinge aktiv sind, am intensivsten und seine Blüten sind hell.

Der Frauenschuh wirbt »unseriös«. Die Besucher fallen, angelockt durch die prächtige Blüte, in die schuhähnliche Kesselfalle und finden am hinteren Blütenende einen Ausweg. Hier bleibt der Pollen an ihrem Körper kleben, und hier auch bestäuben sie die Blüte, falls sie vorher schon einmal »ausgetrickst« worden waren.

Die zahlreichen Ragwurzarten, eine Gruppe der Orchideen, werben mit Sex. Die Blüten der Fliegen-Ragwurz gleichen selbst für menschliche Augen Insekten. Für die Männchen der Grabwespe sind die Blüten, was Form, Duft und Behaarung anbetrifft, vollkommene Weibchenattrappen. Sie werben um die Gunst der Blüten und bestäuben sie nach wiederholtem Anflug. Die Hummel-Ragwurz imitiert auf genau gleiche Weise die Weibchen der Langhornbienen und wird entsprechend von deren Männchen bestäubt. Die Spinnen-Ragwurz, deren Blüten dem menschlichen Auge wie Spinnenhinterleiber erscheinen, »verführen« die Männchen der Sandbiene. So absurd solche und ähnliche Fälle von Kooperation auch erscheinen mögen, sie entstanden in unvorstellbar vielen Runden von »Wie du mir, so ich dir«.

Je länger gespielt wird, desto erfolgreicher setzt sich Kooperation auch durch: so das Ergebnis aus Robert Axelrods Computerspielen, so auch die Befunde der Ökologen.

Symbiosen, auffälligste Beispiele gegenseitiger Kooperation, sind nirgendwo so häufig anzutreffen wie im tropischen Regenwald, und dies nicht ohne Grund: Dieses Ökosystem entstand vor 35 Millionen Jahren und ist damit viel älter als etwa die Wälder der gemäßigten Zonen, die erst nach der Eiszeit aufwuchsen. Mehr noch: Ihr lebensfreundliches Milieu, das keinen Winter kennt, erlaubt raschere Generationenfolgen und damit wiederum mehr Spielrunden zwischen den Arten. In den Tropen wirken allein zweitausend Vogelarten aus fünfzig Familien als Bestäuber der Blüten von abertausenden von Pflanzenarten aus mehr als hundert Familien.

Axelrod konnte mit mathematischen Modellen nachvollziehen, wie sich kooperatives Verhalten in einer treulosen Welt durchsetzt. Ein kooperatives Individuum allein wird sich nicht halten können; aber schon eine kleine Gruppe reicht aus: Sie bildet gleichsam einen »Brückenkopf der Kooperation« (wie es Douglas R. Hofstadter in ›Spektrum der Wissenschaft‹ formulierte), der sich auch in einer feindlichen Umgebung ausbreiten kann. Welcher Art eine Strategie sein muß, damit sie in einer sich wandelnden Welt am besten überlebt, hat Axelrod ebenfalls theoretisch untersucht. Erfolgreiches Verhalten zeichnet sich demnach durch vier Eigenschaften aus: durch »Nettigkeit«, »Provozierbarkeit«, »Versöhnlichkeit« und »Klarheit«. Das Prinzip »Wie du mir, so ich dir« besitzt sie alle vier:

- Die Strategie ist »nett«, weil sie zu weitgehender Kooperation neigt.
- Sie ist »provozierbar«, weil sie jeden Betrug sofort mit einem Gegen-Betrug beantwortet, mithin stets Gleiches mit Gleichem vergilt.
- Sie ist »versöhnlich«, weil sie danach sofort wieder auf Kooperation umschalten kann, ohne dem Gegner etwas nachzutragen.
- Sie ist »klar«, weil sich ihr Verhalten leicht ausrechnen läßt – jeder weiß mit ihr, woran er ist.

Axelrod konnte zeigen, daß alle Strategien mit diesen Eigenschaften unter allen möglichen Bedingungen der Evolution erfolgreich sind. Kooperation ist schließlich (in Axelrods mathematischen Modellen) auch eine sehr stabile Verhaltensweise. Denn sobald sie sich einmal durchgesetzt hat, ist sie gegen eingewanderte Gruppen von Betrügern gefeit – die »Schurken« können sich dann nicht mehr durchsetzen. In Axelrods Worten: »Die Zahnräder der sozialen Evolution haben eine Rücklaufsperre.«

Nebenbei: Als Politologe versäumt es Axelrod selbstverständlich nicht, aus diesen Ergebnissen auch Rückschlüsse auf die Problematik internationaler Konflikte zu ziehen: Die Nationen stehen sich gegenüber wie die Partner seiner Computerspiele – beim Wettrüsten zum Beispiel. Und Hofstadter resümiert die Ratschläge, die sich aus diesem Ansatz an die Politik ergeben, wie folgt: »Seid nicht neidisch, begeht nicht als erste einen Wortbruch und versucht nur nicht, zu clever zu sein.« Ein frommer Wunsch: Denn die technologische Evolution ist gegenüber der biologischen im Nachteil – sie ist noch sehr jung.

2. Gleiches Ökostück mit verschiedenen Darstellern

Grüne Pflanzen, seien es nun Algen, Moose, Kräuter oder Bäume, verwandeln Sonnenenergie in chemische Energie. Sie fließt, gebunden in energiereichen Nährstoffen, Fetten, Kohlehydraten und Eiweißen, über Pflanzenfresser zu Fleischfressern und zu deren Widersachern. So bauen zum Beispiel die unscheinbaren Grünalgen des Wattenmeeres alljährlich pro Hektar 15 Tonnen organische Substanz auf. Sämtliche Pflanzen des Laubwaldes erbringen ungefähr die gleiche Produktion. Das Watt versorgt mit seinen Algen eine Tiergemeinschaft, deren gesamtes Lebendgewicht pro Hektar mit dem entsprechenden Wert aus ostafrikanischen Savannen – Großtierparadiesen par excellence – zu vergleichen ist. Das mag erstaunen.

Noch erstaunlicher ist die Tatsache, daß folgende drei Szenen in allen Ökosystemen ziemlich ähnlich verlaufen, also auf allen Ökobühnen das gleiche Stück gespielt wird. Das dramatische Grundelement ist überall dasselbe: Energiefluß und Nährstoffkreislauf.

1. Nahrungsnetze sind praktisch immer gleich lang. Nach drei oder vier Stufen steht ein »Superraubtier«, das selbst keinen Freßfeind mehr hat.
   Diese Regel hängt mit folgender zusammen:
2. Nur fünf bis höchstens zehn Prozent der von den Pflanzen erbrachten Energie und Nährstoffe fließen an Pflanzenfresser weiter.
   So ist es im Buchenwald, wo sich vor allem Insekten von Laub ernähren, auf der Tundra, wo Ren, Moschusochse, Lemming und Schneehase Flechten und winterharte Kräuter äsen, oder auf den Steppen Ostafrikas.
3. Auch die restlichen neun Zehntel der Nährstoffe gehen in jedem Ökosystem den gleichen Weg: Wenn langlebige Bäume sterben, machen sich die gleichen Zersetzer ans Werk, die auch von Kot, Tierkadavern, abgestorbenen Blättern oder Wurzeln leben: Würmer, Milben, Insektenlarven und Ur-Insekten. Von ihren Abfäl-

len leben wiederum Pilze, Bakterien und andere Mikroorganismen, bauen daraus Nährstoffe für Pflanzen auf und schließen so den Kreislauf. Dem Stück fehlt offensichtlich die Spannung. Selbst fürchterlich bewaffnete Beutegreifer oder eklige Parasiten, die zudem noch Krankheitserreger übertragen, sorgen höchstens für Geplänkel. Denn in natürlichen und deshalb verhältnismäßig alten ökologischen Systemen rottet, infolge vieler »Wie du mir, so ich dir«-Spielrunden, kein Widersacher seine Beute, seine Lebensgrundlage, aus.

Dramatisch wird der Spielverlauf erst durch Katastrophen: Erdbeben, Vulkanausbrüche oder Unwetter reißen Lücken in den Regenwald oder das Korallenriff. Niemandsland entsteht, das von Pionieren allmählich neu besiedelt und so verändert wird, daß auch anspruchsvollere Arten dort wieder leben können – auf Kosten der Pioniere, die rücksichtslos verdrängt werden.

Und jetzt läßt sich die ganze Dramatik des Geschehens auf allen Ökobühnen zumindest erahnen: Konkurrenz zwischen Arten. Zum Beispiel um Sonnenlicht und -wärme. Die Sonne, der Energiespender, scheint aber nicht überall auf der Erde gleich lang und intensiv. Damit steht nicht jeder Bühne dasselbe Energiebudget zu. Und allein schon daraus erklären sich viele Unterschiede in Szenerie und Spielplan der verschiedenen Ökotheater.

Bühnen mit bescheidenem Energiebudget, etwa Tundren oder Hochgebirge, spielen nur im Sommerhalbjahr mit Vollbesetzung. Im Winter ruht der größte Teil des Ensembles in Winterschlaf und Winterstarre oder ist schon im Herbst zu Gastspielen auf den reichhaltigen Bühnen des warmen Südens abgereist.

Ökobühnen bieten sogar unterschiedlich besetzte Tag- und Nachtvorstellungen, was am Inhalt des gespielten Stücks wiederum nichts ändert: Im Dunkeln übernehmen Nachtfalter die Rolle der Tagfalter und bestäuben Blüten. Fledermäuse jagen nach Fluginsekten und ersetzen so tagaktive Vögel. Eulen spielen den Part der Greife. Kleine Bühnen – Inseln zum Beispiel – können sich ausgesprochene Spezialisten, vergleichbar hochbezahlten Stars auf unseren Bühnen, nicht leisten. Großraubtiere zum Beispiel fehlen hier.

Verschiedene Darsteller mit denselben Rollen – das läßt sich auch beim Vergleich ganz unterschiedlicher Ökosysteme beobachten – gibt es immer: So wird überall auf der Welt, wo Bäume wachsen, »gespechtet«, auch dort, wo eigentliche Spechtvögel fehlen: In Neuguinea und Australien bohrt der Streifenkletterbeutler (ein Beuteltier) mit verlängerten Fingern unter der Rinde nach Insekten. Auf Madagaskar steckt der Halbaffe Aye-Aye seinen zum spindeldürren Bohrer abgewandelten Mittelfinger zwischen Baum und Borke. Vögel suchen auf pazifischen Inselbäumen nach Nahrung: Der Honigsauger hämmert auf Hawaii in die Rinde, und auf den Galapagos-Inseln stochert der Darwinfink mit einem Stachel im Schnabel nach Beute.

Wenn verschiedene Darsteller gleiche Rollen spielen, dann tragen sie dazu auch ähnliche Kostüme. Dies zeigt der Vergleich zwischen den Beuteltieren Australiens und den Säugetieren – zwei kaum verwandten Tiergruppen. Und doch entsprechen sich Kostüm und Rolle: Beutelmull und Maulwurf, Springbeutler und Springmaus, Flugbeutler und Flughörnchen, Beutelwolf und Wolf. Auch wenn sich die großen Grasfresser, die Känguruhs und Paarhufer, nicht ähnlich sehen, so haben sie doch ein Organ völlig unabhängig voneinander entwickelt: den Wiederkäuermagen. Mehr noch: Beide Typen leben in Symbiose mit Mikroben, die es ihnen überhaupt erst ermöglicht, die faserreiche Grasnahrung zu verdauen.

Verschiedene Darsteller erreichen also dasselbe Ziel, indem sie gleiche Rollen spielen. Dies ging auch aus dem klassischen Versuch der beiden amerikanischen Ökologen D. S. Simberloff und E. O. Wilson hervor. Sie zählten die Gliedertierarten auf sechs winzigen Mangroveninseln in den Florida Keys und beseitigten dann mit einem kurzfristig wirksamen Gift die gesamte Tierwelt. Danach beobachteten die beiden Forscher, wie die Minibiotope wiederbesiedelt wurden: Von den 164 Arten, die zuvor dort waren, kehrten lediglich 73 zurück. 67 der eingewanderten Arten waren vorher nicht festgestellt worden. Doch dies änderte offenbar nichts am ökologischen Geschehen.

Die Rollenverteilung blieb gleich: Nach wie vor ernährte sich jede dritte Art von Pflanzen, waren zwei von fünf Arten Räuber oder Ameisen, jede achte Art ein Parasit und jede zehnte ein Abfallfresser. »Die Darsteller auf Ökobühnen sind beliebig vertauschbar unter der Voraussetzung, daß die Struktur der einzelnen Rollen bleibt«, lautet der voreilige, falsche Schluß aus dem Experiment. Denn für solche weitreichenden Folgerungen sind die winzigen Mangroveninseln zu klein. Was sich zufällig an Arten zum Gastspiel auf die Mangroveninselchen verirrte, war Teil eines abgestimmten Ensembles der großen Festlandbühne, der Küste Floridas.

Ein wirklicher Austausch von Darstellern verschiedener Ökobühnen geht keinesfalls problemlos vor sich. Das wäre etwa so, als würde der Heldentenor aus der Staatsoper den jugendlichen Liebhaber im Bauerntheater mimen wollen: Er fände sich in der ungewohnten Umgebung nicht zurecht und stünde zudem in Konkurrenz mit dem alteingesessenen Darsteller.

Austauschbewegungen zwischen zwei Ökosystemen mit jeweils ähnlichen Darstellern hat es auf der Erde wiederholt gegeben. Vor etwa zwei Millionen Jahren entstand die Landbrücke von Panama. Darüber tauschten die beiden amerikanischen Halbkontinente die Darsteller ihrer Ökobühnen aus. Zwar bestand das nordamerikanische Säugetierensemble aus Vertretern der Schliefer, Hasen-, Raub-, Rüssel- und Huftiere, das südamerikanische dagegen aus Pyrotherien, Beutel-, Sternfuß- und Südhuftieren. Doch viele Rollen, die sie spielten, stimmten überein, und mit dem Austausch traf jeder seinen Doppelgänger: Nordamerikanische Spitzmäuse wetteiferten zum Beispiel mit kleinen Beuteltieren aus dem Süden um Insektenbeute. Der Wolf aus dem Norden und der Wolfbeutler aus dem Süden wetteiferten bei ihren Jagdzügen miteinander.

Während des Austausches lebten in Nordamerika 35 Säugetierfamilien, in Südamerika 40. Doch bestanden sie nicht lange: Im Norden hielten sich lediglich 4, im Süden immerhin 12 eingewanderte Familien. Nur ihnen gelang es, den ansässigen »Doppelgänger« zu verdrängen. Doch in den meisten Fällen spielte offenbar jeder Darsteller die Rolle auf »seiner« Bühne besser und starb nach kurzem Gastspiel im fremden Halbkontinent wieder aus.

Ein Lehrbuch-Beispiel für derartige Konkurrenz zwischen Doppelgängern lief in Australien ab: Als in grauer Vorzeit der Dingo, ein primitiver Haushund, mit den ersten Menschen nach Australien gelangte, verwilderte er und jagte größere Bodentiere. Von ihnen lebten aber auch die ansässigen Jäger: Beutelwolf und Beutelteufel.

»An Kampfeskraft«, so Konrad Lorenz, »waren dem Dingo die einheimischen großen Beutelraubtiere erheblich überlegen, aber die Jagdart dieser altertümlichen, verhältnismäßig dummen und langsamen Wesen war der des ›modernen‹ Säugetieres unterlegen.« Der Dingo verringerte die Bestandesdichte seiner Beutetiere, rottete sie dabei aber nicht aus. Die Beutetiere ihrerseits verbesserten die Warn- und Fluchtsysteme, ließen aber noch genug an Schwachen, Kranken und Unerfahrenen übrig, so daß der Dingo existieren konnte. Kurz: Räuber und Beute kooperierten. Dies geschah allerdings auf Kosten von Beutelteufel und Beutelwolf. In Australien starben sie aus und überlebten nur noch in Tasmanien, wo der Dingo nicht hingekommen war. Fazit: Ökologische »Doppelgänger« können nicht kooperieren. Das können in der Regel selbst sich ergänzende Darsteller nicht – wie zum Beispiel Räuber und Beute oder Pflanzenfresser und Pflanzen, wenn sie von allzu verschiedenen Bühnen stammen.

An Beispielen dazu mangelt es wahrhaftig nicht: Europäische Siedler »bereicherten« Neuseeland mit 15 eingeführten Huftierarten, ferner mit Waschbär, Wiesel, Kaninchen, Feldhase und vielen europäischen Vogelarten. Zahlreiche neuseeländische Vogelarten starben sofort aus, weil sie der übermächtigen Konkurrenz nicht gewachsen waren. Auch die ansässigen Pflanzen wurden von den neuen Konsumenten nachhaltig geschädigt, was sich heute in verheerenden Waldzerstörungen zeigt.

Als sich auf den Westindischen Inseln eingeschleppte Ratten zur Landplage entwickelt hatten, wurde der Mungo, bewährter Rattenjäger aus der Alten Welt, importiert – und so wurde der Teufel mit Beelzebub ausgetrieben: Der Mungo rottete praktisch alle großen einheimischen Bodentiere aus, nur nicht die Ratte. Sie wurde rechtzeitig Baumbewohner und begann, Vögel und deren Brut zu fressen. Als der Mungo seine wehrlose Beute vollständig vernichtet hatte, zog er in menschliche Siedlungen und wurde zum Hühnerdieb. Längst gilt er als Landplage.

Ähnliches ereignete sich überall auf der Welt, wo der Mensch natürliche ökologische Systeme mit eingeschleppten Tier- und Pflanzenarten veränderte. Jede dritte der seit zwei Jahrhunderten ausgestorbenen Arten verschwand allein wegen Faunenveränderungen. Die durch Haustiere verursachten Schäden sind dabei nicht einmal mitgezählt.

Mehr als drei Milliarden Ziegen, Schafe, Rinder, Pferde, Esel und Kamele leben heute meist auf ihnen fremden ökologischen Bühnen, so etwa das Rind in Südasien oder Afrika. Bei den Hindus Indiens gilt das Rind als »heilig« und bei den ostafrikanischen Nomaden als Statussymbol, das nicht getötet werden darf; denn bis in die Neuzeit war es ein kostbares Gut des Menschen, das ihnen Milch lieferte, aber in Indien wie in Ostafrika regelmäßig durch verheerende Seuchen bis auf klägliche Reste dahingerafft wurde.

Auch langwährende Trockenzeiten gefährdeten die vom Wasser abhängigen Wiederkäuer. Dem sollten technische Errungenschaften Abhilfe schaffen: Brunnen wurden gebohrt, um das Grundwasser anzuzapfen, Impfstoffe und Medikamente gegen Rinderpest, Lungenseuche und Nagana ließen die Herden – aber nicht das Weideland – anwachsen; folglich verarmte die Vegetation und machte der Verwüstung Platz. Futtermangel ließ die Milchleistung der geschwächten Tiere absinken; daraufhin wurden die Herden vergrößert, was sich wiederum verheerend auf den Rest der Pflanzendecke auswirkte.

Als die lange Trockenzeit in der Sahelzone südlich der Sahara während der siebziger Jahre schließlich ihren grausamen Höhepunkt erreichte, lebten im Krisengebiet doppelt so viele Haustiere, wie das Gebiet in normalen Zeiten überhaupt hätte erhalten können. Hirten und Herden, unterstützt durch Errungenschaften moderner Zivilisation, erwiesen sich letztlich als unfähig, mit dem afrikanischen Savannensystem zu kooperieren. Dort leben 75 rinderartige Huftierarten, vom 3 bis 4 Kilogramm schweren Dik-Dik bis zum 850 Kilogramm schweren Kaffernbüffel. Wildtiere nutzen die Pflanzendecke besser und ohne sie zu zerstören, weil die verschiedenen Arten verschiedene Pflanzenarten oder -teile fressen. Sie widerstehen lokalen Krankheiten, und einige von ihnen brauchen nicht einmal zu trinken.

Wildtierfarmen produzieren heute in Südafrika, Zimbabwe, Tansania und Kenia jährlich drei bis fünf Tonnen Fleisch pro Quadratkilometer ohne Schädigung des Ökosystems. Sie sind der Beweis dafür, daß Kooperation des Menschen mit seiner natürlichen Umwelt möglich ist. Auf den Savannen besteht diese Kooperation in der Wildtierjagd und nicht in der Viehzucht, die hier erst im 15. Jahrhundert erstmals betrieben wurde. Kurz: Das ältere menschliche Nutzungsprinzip ist immer auch das erfolgreichere, weil es in vielen Spielrunden nach dem »Wie du mir, so ich dir«-Prinzip lernte, daß vertrauensvolle Kooperation die einzige Überlebensstrategie des Egoisten sein kann.

Dies trifft auch für den Reisanbau zu: Reisfelder in Südasien sind seit Jahrtausenden – allerdings nur scheinbar – großflächige Monokulturen par excellence. In Wahrheit herrscht Vielfalt in ihnen. Der Mensch lebt vom Reiskorn, der Wasserbüffel vom Stroh, und beide leisten Arbeit zur Erhaltung des Kulturgrases im künstlichen Wasserbad. Der Büffel liefert Milch und bereichert die Nahrung des Menschen. Sein Kot düngt abgeerntete Felder. Ein Nährstoffkreislauf ist damit geschlossen. Heile Welt im Reisfeld? Nichts davon!

Im Wasser der heranreifenden Reispflanze wohnt ein Heer von Widersachern für Reis und Mensch, Insekten und ihre Larven etwa, auch Algen und Unkräuter. Ernstzunehmende Reiskonkurrenten breiten sich aus. Trotz allen Aufwandes hat der Mensch den Tisch für unwichtiges, ja schädliches Protein gedeckt. Was nun? Nützlinge müssen her, die Unbrauchbares in Brauchbares verwandeln können. Im überfluteten Reisfeld lassen sich Fische gefangenhalten, Labyrinthfische etwa oder der große Schlangenkopf. Sie atmen sowieso an der Wasseroberfläche. Der Reissumpf hindert sie also nicht am Überleben. Dorthin gelangen sie mit dem Flußwasser, oder der Mensch setzt sie absichtlich aus. Denn Fische kann man essen, und ihrerseits leben sie von Insekten, Algen, Unkräutern. Und der Wasserschnecken nimmt sich eine Schar hungriger Enten an, die der Entenhirt jeden Morgen auf die nasse Weide führt. Sie folgen übrigens nicht ihm, sondern dem kleine Fähnchen an der langen Stange, die er trägt und im Reisfeld einsteckt. Darauf hat er sie, als sie schlüpften, geprägt. Nun leben sie seelisch gefangen im Nahbereich der vermeintlichen Mutter aus Reispapier, das ihnen an der Stange des Hirten vorangeht, und müssen alles fressen, was es auf der nassen Weide für sie überhaupt zu fressen gibt. Die südasiatischen Reisbauern haben wenigstens zweieinhalb Jahrtausende vor dem Nobelpreisträger Konrad Lorenz das Phänomen der Prägung auf einen Mutterersatz entdeckt und es auch gleich geschickt angewandt, denn auch Enten verwandeln Schädlinge in Nützlinge: Eier und Entenbraten aus Unkraut und Schnecken.

Moderner Reisbau hat wenig übrig für das alte Kulturgut. Der kunstvolle Papierdrache, den Kinder vor der Ernte über dem goldgelben Feld im Wind spielen lassen, wird wohl bald nicht mehr als wirkungsvolle Scheuche gegen körnerfressende Vögel betrachtet, also abgeschafft werden. Man gibt sich auch in Südostasien fortschrittlich. Ein Fünftel mehr Ertrag bringt der auf den Philippinen gezüchtete Wunderreis. Er frißt aber mehr als doppelt soviel Dünger wie der herkömmliche. Anfällig gegen Widersacher ist er auch, gegen das Passy-stunt-Virus etwa, das Reispflanzen vertrocknen läßt, denn die genetische Armut des Reiswunders vermindert die Widerstandskraft. Vor ein paar Jahren verlor Indonesien 200000 Hektar Anbaufläche an das Virus. Biozide, also Lebensgifte, waren ihm gegenüber erfolglos. Doch sie taten ihre Wirkung: Fische sind ja immer giftiger als das Wasser, in dem sie leben, weil sie in ihrem Körper Schadstoffe stark anreichern. Und fortschrittliche Großbauern müssen sparen. Schließlich hat sich der Preis für die Wunder versprechende Chemie in einem halben Jahrzehnt verdreifacht. Die Landarbeiter erhalten nicht mehr wie einst täglich ihre Reisnahrung kostenlos. Jetzt leben sie dafür von Giftfischen. In Indien heißt die neue Krankheit das »Handigodu-Syndrom von Malnad«. Entdeckt wurde sie zuerst vor allem an Kindern, die jetzt als Krüppel heranwachsen.

3. Pflanzen und Pflanzenfresser

Vom Nutzen des Kahlfraßes

»Bunt sind schon die Wälder, gelb die Stoppelfelder, und der Herbst beginnt«, so besingen Kinder das natürliche Sterben der Pflanzen am Ende der sommerlichen Vegetationsperiode. Den bunten Herbstblättern fehlt das Blattgrün und damit die Abermilliarden winziger Zellkraftwerke, die Sonnenenergie in chemische Energie umwandeln. Die Laubbäume haben nämlich für die Dauer der winterlichen Mangelzeit die Nährstoffproduktion eingestellt und werfen die toten Energielieferanten ab.

Der Verlust des Laubmantels schützt vor den Folgen der Winterkälte. Eine absurde Behauptung, so scheint es. Doch fragen wir uns, was passieren würde, wenn die wärmeliebenden Laubbäume ihr Blattkleid auch im Winter trügen. Die Blätter begännen, etwa an einem sonnigen Januartag, wenn sich die Luft rasch erwärmt, sofort mit der Energieumwandlung und gäben dabei Wasser ab. Das aber könnten die Wurzeln aus dem gefrorenen Oberboden nicht nachliefern. Fazit: Der Baum stürbe an sogenannter Frosttrocknis.

Nadelbäume sind immergrün. Lediglich die Lärche wirft im Herbst ihre Nadeln ab und bildet im Frühjahr neue. Trotz ihrer Nadeln verzichten Kiefer und Fichte, Tanne und Arve im Winterhalbjahr weitgehend auf Energiegewinnung mittels der Photosynthese.

Der größte Teil des Nährstoffkapitals eines Baumes lagert im Sommer in den Blättern und fällt im Herbst zu Boden. Bei der Buche sind dies 85 Prozent ihres Calcium-, 67 Prozent ihres Kalium-, 77 Prozent ihres Phosphor- und 80 Prozent ihres Stickstoffbedarfs. Verloren geht durch den Laubfall nichts, weil Bodenorganismen den Abfall so aufbereiten, daß die Nährstoffe von den Pflanzenwurzeln wieder aufgenommen werden können. Beim Laub der Schwarzerle oder der Esche ist der Umsetzungsvorgang bereits nach einem Jahr abgeschlossen. Beim Bergahorn und bei der Linde dauert er zwei, bei der Roteiche und auch bei der Rotbuche sogar drei Jahre.

Umgerechnet fallen auf einen Hektar Buchenwald jeden Herbst 150 Kilogramm Nährstoffe an und bilden am Waldboden gewissermaßen ein Nährstoff-Konto aus Laubstreu. Das macht, wie schon erwähnt, etwa vier Fünftel des von den Bäumen im Sommer benötigten »Betriebskapitals« aus. Die restlichen 20 Prozent müssen die Wurzeln außerhalb des Oberbodens erwirtschaften. Der Baum investiert sie in sein langlebiges Holz. Holznutzung, so kann man aus dieser Betrachtung schließen, entzieht der Lebensgemeinschaft des Laubwaldes erstaunlich wenig an Nährstoffen. Die ganze Ökobuchhaltung des Baumes gerät allerdings aus dem Lot, wenn die Laubstreu fortgeschafft wird – was viele penible Gartenfreunde nicht zu wissen scheinen.

Einen Nachteil hat die Nährstoffbank in der Laubstreu allerdings: Das »Kapital« ist langfristig blockiert und damit nicht frei verfügbar. Ganz besonders im kühlen Bergwald, wo etwa die Nadeln der Lärche mehr als ein Jahrzehnt brauchen, um zu verwittern. So erstaunlich es klingen mag: Kahlfraß durch den Lärchenwickler kurbelt diesen zähfließenden Nährstoffkreislauf an: Im Hochsommer 1946 und 1947 sah das Engadin aus wie im Spätherbst: Die Lärchenwälder waren rotbraun, als sie hätten grün sein müssen. Nicht ein Waldbrand war die Ursache, sondern die Millionen kleiner Raupen des Lärchenwicklers, eines Kleinschmetterlings. Unzählige dieser Raupen krochen über die Spazierwege der indignierten Gäste. Sie waren auf der Nahrungssuche, nachdem sie ihre übernutzten Futterbäume mit häßlichen Gespinstfäden überzogen hatten.

Man schritt zur Tat. Kurvereine organisierten Bekämpfungsaktionen mit DDT – ohne Erfolg. An der Zürcher Eidgenössischen Technischen Hochschule lösten die Touristenklagen Studien über den Lärchenwickler aus. Grundsätzliches war bekannt: Die Fraßschäden der unscheinbaren Raupen wiederholen sich alle acht bis neun Jahre; zwischen 1850 und 1950 traten sie genau zwölfmal auf.

Details lieferten die neuen Studien: Der Lärchenwickler überwintert im Eistadium, frißt im Frühjahr als Raupe die Lärchennadeln und verwandelt sich im Juni im Waldboden in der Puppe zum Falter.

Er legt noch im gleichen Jahr seine Eier zwischen Lärchennadeln, die der Baum, wie alle andern, im Spätherbst zu Boden fallen läßt. Die Raupen finden dann von selbst ihre Nahrung. Simpel, einfach und erfolgreich: Auf fünzig Metern Lärchenzweigen – oder auf einem Kilogramm Baum – nimmt die Zahl unersättlicher Raupen in vier bis fünf Jahren, das sind ebenso viele Generationen, um das Zwanzig- bis Hundertfache zu und erreicht dann eine Bevölkerungsdichte, in der die Nahrungsnachfrage das Nahrungsangebot übersteigt.

Die Raupen hungern, versuchen zu neuen Futterquellen abzuwandern, werden von ihren Feinden gefressen und spinnen Gespinste. Und was trotz Hungerkatastrophe als Schmetterling schlüpft, Eier legen will, findet keine frischen Zweige mehr. Also wandern sie ab in die nächstgelegenen noch grünen Lärchenbestände, wenn's sein muß, ins nächste Tal, oder ganz passiv mit Luftströmungen oft bis zu 600 Kilometer weit. Für die nächste Lärchenwicklerpest ist damit gesorgt.

Doch was meint die Lärche dazu, eine Baumpersönlichkeit, die leicht drei- bis vierhundert Jahre alt wird? Nach dem Kahlfraß treibt sie im selben Jahr noch einmal Nadeln. Die Nadeln des folgenden Frühjahrs sind hart und kurz – knappe Nahrung und schlechte dazu für zarte Raupen. Nur wenige überleben. Nach vier Jahren zählt man nur noch eine Raupe pro Kilogramm Zweigmasse. Der Baum hat sich erholt. Die Massenvermehrung des Lärchenwicklers kann erneut beginnen, trotz hundert verschiedener Parasitenarten, die vom Lärchenwickler leben, trotz einer Viruskrankheit, die ihn befällt. Gegen den Lärchenwickler ist kein Kraut gewachsen – bis auf die Lärche selber: Nur eine unter 300 überlebt in Kahlfraßjahren den Raupenansturm nicht. Lawinen töten weit mehr.

Insektizide helfen wenig. Das weiß man seit 1963 aus dem Goms. 2000 Hektar Lärchenwälder hatten ein Jahr lang nach der Spritzkur zwar weniger Befall, doch die Bevölkerungsbewegungen des Schmetterlings wurden nicht verändert. Dagegen starben Singvögel und Raubinsekten, die vom Raupensegen leben. Und noch etwas: Lärchenwickler-Raupen beschleunigen den Nährstoffkreislauf im Bergwald, weil ihr Kot und ihre Leichen rascher abgebaut werden als ungefressene Nadeln, die im Herbst, hart und trocken geworden, auf den Waldboden regnen.

»Schädlich« ist das Millionenheer düngender Raupen also nicht, die Insektizide sind es, weil sie viele Lebewesen töten und damit den Nährstoffkreislauf stören oder gar unterbrechen.

Der einmalige Kahlfraß »nützt« also der Lärche, beziehungsweise er schadet ihr zumindest nicht. Sie bildet sofort eine neue Blattgeneration. So verfahren auch Buchen, nach Kahlfraß durch den Maikäfer, oder Eichen. Wichtig ist dann aber, daß sich der Befall nicht sofort wiederholt. Dagegen muß sich der Baum wehren können.

Wie Pflanzen sich vor Fraß schützen

Wird etwa die amerikanische Stiel-Eiche von einem Schädling befallen, dann enthalten neugebildete Blätter mehr Phenole, Tannine und andere Gerbstoffe – alles hochwirksame Fraßhemmer. Gleichzeitig sinkt der Wassergehalt der Blätter: Sie werden zäh wie Leder. Diese »Nachrüstung« hat den weiteren Effekt, daß Larven und Puppen sich schlechter entwickeln, und auch die erwachsenen Tiere sind deutlich geschwächt. Diese Verteidigungsstrategie bezeichnet der amerikanische Ökologe Jack C. Schultz als »Versteckspiel«, das für die Insekten nicht selten tödlich endet: Bei der Suche nach besserem Futter werden sie oftmals von ihren Feinden entdeckt und gefressen.

Wenn ein Hase an den zarten Blättern eines Zitterpappel-Schößlings frißt, dann »lernt« die Pflanze aus dieser schmerzlichen Erfahrung. Sie macht ihre neugebildeten Blätter mit der doppelten Menge an schlecht schmeckenden Stoffen ungenießbar. Manche Bäume bilden – besonders nach Schädlingsbefall – antibiotisch wirkende Substanzen, die den Stoffwechsel von Tieren durcheinanderbringen.

Bis heute haben die Wissenschaftler erst einen bescheidenen Blick in die pflanzliche Waffenkammer geworfen. Der Heidelberger Chemie-Professor Hermann Schildknecht war ein von vielen Kollegen belächelter Rufer in der Wüste, als er vor dreißig Jahren von Pflanzen-»Abwehr« sprach. Doch Schildknecht war seiner Zeit voraus.

»Heute redet jeder von Pflanzenabwehrstrategien«, erzählt er. Erst als dem DDT-Rausch die Ernüchterung folgte, besannen sich die Wissenschaftler auf natürliche »Pflanzenschutzmittel«.

Pflanzen wehren sich nicht nur mit Stacheln und Dornen, Stink- und Klebestoffen. Sie produzieren auch weit mehr als 10000 Substanzen, mit denen sie ihre Gegner umbringen, ihnen die Nahrung vergällen oder sie in unfruchtbare Greise verwandeln. Pflanzen können sich durch bestimmte Stoffe sogar »unsichtbar« machen, so etwa die Sinnpflanze: Droht Gefahr durch grasende Tiere, macht sich *Mimosa pudica* augenblicklich »unsichtbar«. Sie faltet ihre Blättchen zusammen, legt sie an den Stengel und »drückt sich auf die Erde wie ein Huhn, das von einem Habicht bedroht wird« (Professor Schildknecht). Umherstreifende Pflanzenfresser übersehen die Mimose, weil sie ihre grüne Blattoberfläche in der Tarnstellung (pflanzliche Mimikry) fast völlig verbirgt und mit dem braunen Untergrund verschmilzt.

Lange wurden Pflanzenwirkstoffe als sogenannte sekundäre Pflanzenstoffe, als Abfallprodukte des Zellstoffwechsels angesehen; ein Beispiel: Das Nikotin in den Tabaksblättern. Das äußerst starke Zellgift schützt die Pflanze vor Blattläusen und anderen Schmarotzern. Schon ein winziger Tropfen Nikotin genügt, um die Pflanzensauger augenblicklich zu lähmen oder zu töten.

Viele Pflanzen verfügen über mehr als eine Abwehr. Manche Tabaksarten etwa legten sich noch einen dichten Pelz aus Drüsenhaaren zu. Bei der geringsten Berührung brechen diese Härchen ab und ein nikotinhaltiges Sekret tritt aus. Durch diese Doppelstrategie können sich die Pflanzen gegen jene Spezialisten unter den Blattläusen wehren, die geschickt an dem tödlichen Cocktail in den Zellen vorbeistechen und den nährstoffreichen Saftstrom anzapfen.

Sojabohne, Tomate und Kartoffel servieren hungrigen Insekten ein unverdauliches Menü. Durch ein Schutzprotein in den Blättern blockieren diese Nutzpflanzen die Verdauungsenzyme der Insekten mit folgendem Effekt: Der Nahrungsbrei liegt den Tieren schwer im Magen und kann nicht verdaut werden. Wollen sie nicht verhungern, dann müssen die Insekten auf andere Wirtspflanzen umziehen. Im übrigen verdankt der Mensch nur einem Überschuß an Verdauungsenzymen, daß ihm – trotz der schützenden Eiweißverbindungen in den Pflanzen – Tomaten gut bekommen.

Die Wildformen unserer Kulturpflanzen sind meist viel besser gegen Fraßfeinde gewappnet als ihre auf Hochleistung getrimmten Verwandten in Gärten und Gewächshäusern. Ein Beispiel dafür ist der in Südamerika beheimatete Vorfahre *(Lycopersicon hirsutum)* der »modernen« Tomate *(Lycopersicon esculentum)*. Dessen Blätter sind mit einem dichten Pelz von Härchen überzogen, die einen klebrigen Giftfilm tragen. Kleinere Insekten werden von diesen »Fußangeln« gefangen. Größere, die nicht festkleben, fallen nach dem Kontakt mit dem Giftfilm tot vom Stengel. Die Blätter der Wildtomate enthalten nämlich ein Insektizid mit dem chemischen Namen 2-Tridecanon, und zwar in 72mal höherer Konzentration als die Hochleistungstomate.

Auch bei den »Appetitzüglern« sind die Wildformen ihren chemieabhängigen Kollegen weit überlegen. Ein überzeugendes Beispiel ist eine Wildkartoffelart, deren Kraut den Abwehrstoff Demissin enthält. Im Versuch setzten Wissenschaftler eine Anzahl von Kartoffelkäfern zwangsweise auf diese Pflanze. Die Insekten verweigerten sogleich die Nahrungsaufnahme. Wird der Hunger so groß, daß sie doch von den demissinhaltigen Blättern fressen, hat das üble Folgen für sie. Die Käfer erbrechen sich, manche gehen sogar ein. Wieder auf Kartoffelkraut gesetzt, halten die Überlebenden noch eine Weile »Null-Diät«.

Mit dem Signalstoff Farnesen jagt eine andere Wildform der Kartoffel ihren Fraßfeinden einen chemischen Schrecken ein. Drüsenhaare der Pflanze geben diese Substanz, die bei Insekten Alarmreaktionen auslöst, ständig an die Umgebung ab. Die Folge: Hungrige Insekten suchen schleunigst das Weite. Für die Wissenschaftler war es eine kleine Sensation, als sie diesen Verteidigungsmechanismus entdeckten. Zum ersten Mal konnten sie nachweisen, daß Pflanzen auch Insekten-Signalstoffe synthetisieren und zu ihrem eigenen Schutz einsetzen.

Das Wachstum von Tieren und Pflanzen wird durch Hormone gesteuert. Nur ein exaktes Zusammenspiel von Juvenil- und Häutungshormonen läßt aus einem Engerling einen Maikäfer werden. Dieselben Hormone, die die Entwicklung von Insekten steuern, finden sich auch in den Blättern vieler Pflanzen. Für ungebetene Gäste hat das schlimme Konsequenzen: Schluckt ein Insekt die hormonangereicherte Nahrung, bricht sein Hormonhaushalt zusammen. Manche Larven bleiben »ewig jung«, werden also nie geschlechtsreif und fortpflanzungsfähig. Andere Insekten werden zwar erwachsen, sind aber unfruchtbar oder winzig klein. Auch die hormonell gesteuerte Häutung gerät völlig durcheinander. Das Insekt wird von seinem eigenen Chitinpanzer erdrückt oder geht als nicht lebensfähige Zwischenform aus Larve und Puppe ein.

Eine böse Überraschung erwartete den tschechischen Biologen Karel Slama, als er 1965 zu einem Forschungsaufenthalt in die USA flog. Von den 1215 Feuerwanzen-Larven, die er bei sich hatte, entwickelte sich nur eine einzige zu einem ausgewachsenen Tier. Die anderen wuchsen zwar, konnten sich aber nicht mehr häuten und wurden von ihrem eigenen Panzer erdrückt. Die nach langer Suche entdeckte Ursache: Slama hatte seine »Studienobjekte« auf amerikanischem Zeitungspapier aufgezogen, das aus dem Holz der Balsam-Tanne hergestellt worden war. Dieser Nadelbaum – Grundlage des Papiers – enthält das Juvenilhormon Juvabion. Hätte Slama seine Wanzen auf tschechisches Zeitungspapier gebettet, wären diese Juvenilhormone damals nicht entdeckt worden.

Im Leberbalsam, einer beliebten Zierpflanze, stießen Wissenschaftler 1976 auf zwei Substanzen, die die Wirkung von Juvenilhormonen blockieren. Fressen Insekten von den Blättern der Pflanze oder werden sie mit einer Wirkstofflösung besprüht, hat das seine Folgen: Kartoffelkäfer-Larven entwickeln sich zu Winzlingen, Landwanzen können sich nicht mehr fortpflanzen, ausgewachsene Kartoffelkäfer graben sich mitten im Sommer in den Boden, um mit der Winterruhe zu beginnen.

Aus Wurzeln und Blättern einer ostafrikanischen Heilpflanze, die zur Günselfamilie gehört, isolierte das Team des Entomologen Isso Kubo von der University of California die beiden Stoffe Ecdysteron und Cyasteron. Die beiden Hormone stimulieren die Ausschüttung eines Enzyms, das die Häutung der Raupen steuert. Fressen Schmetterlingsraupen an den Günselblättern, so härten sich die neuen Hautschichten, bevor die alten abgestoßen sind. Den Raupen wachsen bis zu drei Kopfkapseln. Diese übereinandergestülpten Chitin-»Helme« sind der Raupe beim Fressen im Wege; sie kann mit ihren Beißwerkzeugen das Blatt nicht mehr erreichen und muß, auf der Nahrung sitzend, verhungern.

Der in Afrika und Indien weit verbreitete Niem-Baum wird nur selten von Insekten befallen. Sogar die gefräßigen Wanderheuschrecken machen einen großen Bogen um ihn: Denn Samen und Blätter des Niem-Baumes enthalten mit dem Wirkstoff Azadirachtin einen sehr wirksamen Fraßschutz. Er unterbricht die Produktion und Ausschüttung von Hormonen. Ausgewachsene Heuschrecken legen keine Eier mehr, junge Tiere hören auf zu wachsen.

Wissenschaftler setzten Insekten ein Mixgetränk aus dem Saft tropischer Pflanzen vor. Das Resultat: Die Zahl der Nachkommen ging um 95 bis 98 Prozent zurück. Angesichts der erstaunlichen Wirksamkeit der hormonellen Pflanzenabwehr begann sich auch die chemische Industrie für diese Substanzen zu interessieren. Die Forschungslabors nahmen die Suche nach Flora-Hormonen auf und wurden fündig. Erste Untersuchungen in Japan ergaben, daß dort etwa 5 Prozent aller Pflanzenarten Insektenhormone enthalten. Mittlerweile kennen die Botaniker weltweit viele tausend Pflanzen, die sich mit diesem überaus eleganten Verteidigungsmechanismus schützen. Die Frage, woher die Pflanzen »wissen«, daß und welche Hormone das Wachstum ihrer Feinde regulieren, ist ein bislang ungelöstes Rätsel der Ko-Evolution.

Fest steht aber: Pflanzen enthalten oft wesentlich mehr Insektenhormone als die Tiere selbst. Die Chemiker Adolf Butenandt und Peter Karlson isolierten 1954 beispielsweise aus 500 Kilogramm Seidenspinnerpuppen nur 25 Milligramm des Häutungshormons Ecdyson. Aus der gleichen Menge einer japanischen Farnwurzel läßt sich heute die 400 000fache Menge gewinnen.

Diese natürlichen Insektenbekämpfungsmittel haben den synthetisierten Pestiziden einiges voraus: Sie sind sehr spezifisch und bewirken außerdem keine Resistenzen. Ein weiterer Vorteil: Durch Licht und Luft werden die Hormone schnell abgebaut. Sie können sich also nicht – wie etwa die chlorierten Kohlenwasserstoffe – im Fettgewebe von Mensch und Tier ansammeln.

Wissenschaft und Industrie lassen den Einsatz dieser neuen Generation von Pflanzenschutzmitteln dennoch nur langsam anlaufen. Diesmal soll der alte Fehler vermieden werden, zu glauben, es gäbe ein Allheilmittel zur Schädlingskontrolle. Diese Vorsicht ist angebracht, denn einige Insektenhormone ähneln Säugetierhormonen, so daß ihr übereilter Einsatz in der Landwirtschaft schädliche Nebenwirkungen haben könnte.

Nicht nur von Insekten, auch von Mikro-Organismen droht den Pflanzen Gefahr. Um einer Virus-Infektion vorzubeugen, synthetisiert beispielsweise eine Tabaksart einen Viruskiller aus der Gruppe der Interferone, die seit einigen Jahren als »Krebsheilmittel« Schlagzeilen machen.

Auch gegen Bakterien ist so manches Kraut gewachsen: Knoblauch, Bohne, Brunnenkresse und viele andere Gewürz- und Nahrungspflanzen enthalten äußerst wirksame Antibiotika. Von den 78 Heilkräutern, die der italienische Arzt und Botaniker Pietro Mattioli im 16. Jahrhundert gegen Mund- und Harnwegsinfektionen verordnete, wirken – wie Mikrobiologen feststellten – 65 Prozent antibiotisch. Diese pflanzlichen Bakterienabwehrstoffe machte sich der Mensch vor Entdeckung des Penicillins zunutze.

Nicht allen Pflanzen stehen Gifte, Appetitverderber oder Hormone zu ihrer Verteidigung zur Verfügung. Einige wehren sich rein mechanisch, etwa der Reis: Für die Larve des Reisstengelbohrers gibt es kaum eine größere Delikatesse als eine Reispflanze. Manchmal beißen die hungrigen Schädlinge aber im wahrsten Sinne des Wortes auf Granit. Verschiedene Reissorten enthalten in ihrem Gewebe verhältnismäßig große Mengen von Silikat. An dieser harten Substanz stumpfen die Mundwerkzeuge der Insekten schnell ab und die Larven verhungern sozusagen zahnlos mitten im »Schlaraffenland«.

Die Zellen in den Blättern und Trieben mancher Pflanzen enthalten feine Oxalat-Kristalle. Sie sind ein sehr wirksames Mittel gegen Fraßfeinde. Bei Schnecken wirken sie im Futter wie Glassplitter oder Rasierklingen. Hartnäckigen Tieren, die sich beim Fressen nicht stören lassen, können die Kristalle sogar Magen- und Darmwände aufschlitzen.

Viele Pflanzenarten verlassen sich auf bewährte Defensivwaffen: Stacheln und Dornen. Man übersieht leicht, daß auch diese so selbstverständlich erscheinenden Abwehrstrategien für die Pflanzen mit einem erheblichen Aufwand verbunden sind. Da Dornen oft aus Blättern entstehen, muß die Pflanze zum Aufbau eines stacheligen Bollwerks auf einen Teil ihrer grünen Atmungsorgane verzichten. Der Sauerdorn beispielsweise wandelt einen Teil seiner Laubblätter über verschiedene Zwischenformen in dreizackige Blattdornen um. Der Mäusedorn verzichtet zu seinem Schutz sogar ganz auf Blätter, deren Funktionen vom Stengel übernommen werden. Manche Pflanzen funktionieren ihre Blätter nur in bestimmten Jahreszeiten zu Abwehrorganen um. Eine asiatische Tragant-Art bildet zum Schutz der jungen Sprosse und Triebe igelartige Stachelverhaue.

Der Selbstschutz durch Dornen und Stacheln ist im Pflanzenreich vor allem dort weit verbreitet, wo Pflanzenfresser wenig Grünfutter finden, etwa in Wüsten, Steppen und Trockenwäldern. Bekannte Beispiele der mediterranen Flora sind Palmlilie, Agave und Aloe.

Eine große Anzahl Pflanzen läßt sich zu ihrem Schutz einen Pelz von Haaren wachsen, die auch ohne Giftladung Haut und Schleimhäute reizen können. Noch mehr Sicherheit garantieren Haare, die zusätzlich mit Reiz- und Schmerzstoffen gefüllt sind, also mechanische und chemische Abwehr kombinieren. Besonders unangenehm kann der Kontakt mit einer australischen Verwandten unserer einheimischen Brennessel sein. Wer *Laportea moroides,* so der wissenschaftliche Name, zu nahe kommt, spürt oft noch tage- oder wochenlang einen heftigen Schmerz an der kälte-, druck- und feuchtigkeitsempfindlichen Stichstelle.

Doch damit nicht genug, zusätzlich hat Laportea noch eine Art »Tränengas« in ihrem Arsenal. Forscher, die das Brennesselgewächs aus dem Gewächshaus holen oder seine Blätter abbrechen wollen, tun gut daran, sich eine Gasmaske überzuziehen. Ihr Studienobjekt sondert nämlich eine flüchtige Substanz ab, die einen heftigen Schnupfen und Hustenreiz hervorruft.

Die feinen Härchen der Brennessel wirken wie Spritzen. Sie brechen bei Berührung an einer programmierten Stelle unterhalb ihres Silikat-Köpfchens ab. Die Brennhaare verwandeln sich blitzartig in scharfkantige Giftkanülen, die nicht nur beißende Ameisensäure injizieren, sondern auch Stoffe wie Acetylcholin, Histamin und Serotonin. Die Folgen: Entzündungen und allergische Reaktionen.

Besonders lange Brennhaare hat ein in Mittel- und Südamerika beheimatetes Wolfsmilchgewächs mit dem lateinischen Namen *Jatropha urens*. Die bis zu einem Zentimeter langen Kanülen schützen die Fruchtstände der Pflanze, in denen sich die Samen entwickeln.

Doch was für den einen gefährliches Gift ist, kann für andere wertvolle Nahrung auf dem reich gedeckten Tisch der Natur sein. Ein Beispiel: Der Saft der einheimischen Wolfsmilchgewächse ist stark toxisch, beim Menschen kann er Hautschäden und sogar Blindheit hervorrufen. Den Raupen der Wolfsmilchspinner und Wolfsmilchschwärmer kann diese Giftbrühe jedoch nichts anhaben. Sie sind für das Leben auf diesen Pflanzen spezialisiert. Daraus läßt sich eine allgemeingültige Regel ableiten: Gegen Allesfresser ist die Pflanze meist recht gut gewappnet, mit Spezialisten wird sie oft nur schwer fertig.

Doch Spezialisierung schränkt ein: Die Raupe des Wolfsmilchschwärmers hängt auf Tod und Verderben von der Wolfsmilchpflanze ab. Auf andere Nahrung kann sie sich nicht umstellen. Gleiches ließe sich von allen andern Nahrungsspezialisten sagen. Übernutzung der einzigen Nahrungsquelle bedeutet für sie ebenfalls Artentod. Spezialisten müssen also mit ihren lebenden Ressourcen kooperieren. Viele Schmetterlingsarten tun dies beispielsweise, indem sie pro Futterpflanze nur eine ganz beschränkte Zahl Eier ablegen. Andere wiederum wechseln zwischen zwei Generationen die Futterpflanzen wie etwa die Weißlinge. Für die Pflanze wird dank solcher oder ähnlicher Mechanismen der Widersacher berechenbar. Und mit einem berechenbaren Mitglied der Lebensgemeinschaft kann nach vielen vielen Runden von »Wie du mir, so ich dir« eine Kooperation in höchster Vollendung, eine Symbiose entstehen, beispielsweise Bestäubung (siehe im Kapitel 1, Abschnitt ›Umsetzung in Höchstform – Symbiosen‹) oder Samentransport durch den tierischen »Freßfeind« und Versorgung des vermeintlichen Widersachers mit hochwertiger Nahrung durch die Pflanze. Dies wird im folgenden Abschnitt erläutert.

Aus Feind wird Freund – Bestäuber und Gärtner*

Weg von den egoistischen, licht- und nährstoffhungrigen Eltern, so lautet das erste lebenserhaltende Prinzip der Pflanzensamen. Dabei bedienen sie sich aller nur denkbaren Transportmöglichkeiten und Reiserouten. Die Aufzählung allein könnte ermüden. Beschränken wir uns daher auf die häufigste Ausbreitungsstrategie: Die meisten Samen reisen mit dem Wind; Vergrößerung des Volumens zur Verkleinerung des spezifischen Gewichtes heißt deshalb die Devise.

Schon am Ende des Frühlings bläst der Wind die Samen mit dem weißen Haarschopf von Löwenzahn, Pappeln und Weiden und trägt sie wölkchenweise mit sich fort, oft viele hundert Kilometer weit und in einer Höhe bis zu viertausend Metern. Mit leichten Flughaaren, die eine gewisse »Fallschirmwirkung« haben, segeln die Samen im Wind. Andere gaukeln helikoptergleich mit einem oder zwei »Rotoren« in der Brise. Samen mit Flügelspannweiten von sechseinhalb Zentimetern (Feldahorn) oder gar acht Zentimetern (Hainbuche) fliegen viel weniger weit als unauffällige Leichtgewichte wie etwa Birken-, Pappel- oder Weidensamen.

Ob der endgültige Landeplatz den Lebensbedürfnissen des Keimlings entspricht, ist alles andere als gewiß. Der Unberechenbarkeit des Windes läßt sich nur mit ungeheurer Samenproduktion begegnen: Alle zwei Jahre segeln gut zwanzigtausend geflügelte Samen aus den Zapfen einer einzigen Kiefer. Lediglich zwei aller in ihrem ganzen Leben produzierten Samen brauchen sie, statistisch gesehen, um zu Bäumen heranzuwachsen. Damit ist die Arterhaltung bereits gesichert.

Überproduktion hat allerdings auch gefährliche Konsequenzen. Vor allem dann, wenn die Samen Leckerbissen für fett- und eiweißhungrige Tiere sind, die diese Nahrung um so mehr schätzen, als sie (wegen des »Luftposttransports«) nur leicht verpackt und dadurch vor spitzen Mäusezähnen, Vogelschnäbeln oder Insekten-Mundwerkzeugen kaum geschützt ist.

Eine Reihe von Samen und Früchten trägt stachelbewehrte Panzer

* In Zusammenarbeit mit Kerstin Günther.

oder harzige Hemden. Diese Einkleidung schützt zwar vor Freßfeinden, doch bedeutet sie auch Ballast. Damit ist eine Reise mit dem Wind ausgeschlossen. Das Kleid ist für mehrere Zwecke gewebt: Harz klebt, und Widerhaken tragende Stacheln klammern sich fest – an Federn, Fellen oder auch an Wollstrümpfen und Hosenbeinen, wie jeder weiß, der im Sommer über eine Wiese geht und anschließend verzweifelt die Früchte des Labkrautes oder des Benediktinerkrautes aus dem Gewebe seiner Kleidung klaubt. Tierische Samentransporteure streifen ihre blinden Passagiere irgendwo ab oder putzen sie weg. Und wiederum ist ungewiß, ob die Endstation der Reise der aus dem Samen keimenden Pflanze überhaupt zusagt.

Die Mistel hat das Problem elegant gelöst und bestimmt den Ankunftsort. Der Mistelsamen reift ausgerechnet mitten im Winter, umgeben von schleimigem Fruchtfleisch. In der nahrungsarmen Zeit ist die Mistelfrucht gesuchte Frischnahrung vieler Vögel, vor allem der Misteldrossel. An ihrem Schnabel bleibt bei Verzehr des Fruchtfleisches Samen kleben und muß mit Kraft abgestreift werden, etwa an einem widerstandsfähigen Ast, dem Lebensraum der Misteln. Auch von der neuen Unterlage ist der Samen schwer zu trennen. Jedenfalls so lange, bis sein Keimwürzelchen, das eine Haftscheibe trägt, ausgewachsen ist und die junge Pflanze sichert, bis sie eine Nebenwurzel ins lebendige Holz des Astes gebohrt hat. Dieser sogenannte Senker versorgt dann den raschwachsenden immergrünen Halbparasiten mit Nährstoffen und Wasser seines Wirtes. Übrigens verliert ein Mistelsamen seine Klebfähigkeit auch dann nicht, wenn er von einem hungrigen Vogel verschluckt und unverdaut mit dem Kot ausgeschieden wird.

Mit leuchtenden Farben und weitreichendem Duft locken reife Beeren und Früchte tierische Samentransporteure an. Saftiges Fruchtfleisch liefert den Reiseproviant für Vögel und Säugetiere, die hartschalige Kerne weder zerbeißen noch verdauen können und sie folglich irgendwo fallenlassen oder sie gar verschlucken und später, wohlversehen mit Dünger, »aussäen«. Im Laufe der Evolution kann die Abhängigkeit der Pflanze von ihrem Konsumenten dermaßen eng geworden sein, daß Pflanzensamen ohne Transporteur gar nicht keimen können. Das gilt etwa für Heidelbeeren, deren süße blaue

Früchte von vielen Vögeln gefressen werden. Die winzigen Samen passieren dabei unversehrt den Verdauungstrakt. Dort löst jedoch die Magensäure eine Wachsschicht von der Samenoberfläche und macht den Samen dadurch erst keimfähig. Die Wachsschicht ist nämlich wasserundurchlässig, so daß sie bei ungefressenen Samen die Quellung und somit die Keimung des Samens verhindert.

Harte Samenschalen sind auch dem Embryo des Veilchens im Weg. Auch hier wirken Tiere gewissermaßen als Geburtshelfer. Kaum ist die Fruchtkapsel aufgesprungen und hat die Samen weggeschleudert, sammeln die Ameisen den Nahrungssegen ein. Nicht etwa wegen der Samen selbst, sondern wegen eines beachtlichen Fettkörpers, des sogenannten Elaiosom, der mit dem Samen verwachsen ist. Der Leckerbissen sitzt so fest, daß die kleinen Staatenbildner vorerst den ganzen Samen mit sich schleppen. Erst irgendwo auf dem langen Weg zum Nest wird er abgeknabbert. Dabei verletzen die Ameisen die harten Samenschalen, was wiederum die Keimung erst ermöglicht.

Genug der Beispiele. Wenden wir uns dem Grundsätzlichen zu und stellen die Frage, warum der tierische Transporteur nicht betrügt. Dazu hätte er ja zweimal die Gelegenheit: Er könnte die Früchte, zum Beispiel Äpfel, ja schon fressen, bevor die darin enthaltenen Samen ausgereift sind. Mehr noch, er könnte auch die Samen fressen. Jeder, der schon einmal in einen sauren Apfel gebissen hat, weiß, daß unreife Früchte ungenießbare Bitterstoffe enthalten. Zudem sind sie bestens getarnt, grün wie das Laub der sie produzierenden Pflanze. Samen sind ebenfalls bitter, zudem hartschalig, und sie enthalten häufig eines der giftigsten Gifte: Blausäure. Schon die alten Ägypter boten untragbar gewordenen Heerführern oder Staatsmännern eine an Blausäure reiche Portion Pfirsichkerne zum Verzehr. Eine entsprechende Menge Apfelkerne, Pflaumen oder Wildmandelsamen hätte ebenfalls den gleichen, tödlichen Effekt gehabt, wie auch die Samen von achthundert anderen Früchten.

Bucheckern, Eicheln oder Arvennüßchen tragen keine Zusatznahrung wie Äpfel, Pfirsiche oder Kirschen. Sie selbst ernähren Tiere, wie etwa den Tannenhäher. Bei einem einzigen Anflug auf eine Arve meißelt der Tannenhäher bis zu 130 Samen aus den harzigen

Zapfen, verstaut sie alle in seinem Kropf und fliegt damit oft mehr als zehn Kilometer weit zum Ort, wo er im nächsten Februar oder März nisten wird. Hier scharrt er Löcher in den Boden, versieht sie mit einem halben Dutzend oder einem Dutzend Arvennüßchen und deckt das Versteck äußerst vorsichtig wieder zu.

Zwischen März und April zieht der Tannenhäher seine Jungen auf. Längst ist dann die Arvenernte vorbei. Die letzten Zapfen sind schon im Winter aufgesprungen und haben ihre großen Samen auf dem Schnee verstreut. Der Tannenhäher ernährt seine Nachkommen mit dem Vorrat, den er auch nach Monaten und unter tiefer Schneedecke wiederfindet. Die Arvenzapfen brauchen drei Jahre bis zu ihrer Reifung jeweils im September. Allerdings können Schlechtwetterperioden ganze Ernten fast ausfallen lassen. In solchen Fällen gleicht der Tannenhäher durch ausgedehnte »Mehrarbeit« das dünne Angebot aus. Die Vorratslager sind auf alle Fälle gefüllt, und die Aufzucht der Jungen wird nicht beeinträchtigt. In keinem Fall braucht der Tannenhäher alle seine Vorräte. Die »vergessenen« Samen keimen erst im zweiten Jahr: eine neue Arvengeneration wächst auf, meist an Stellen, wo bisher keine Arven wuchsen.

Das Ausbreitungssystem über Vorratswirtschaft praktizieren auch der Eichelhäher und die Eiche, deren Früchte im Spätsommer von dem bunten Rabenvogel gesammelt und versteckt werden. Das System ist dann noch perfekter. Wenn er die versteckten Eicheln braucht, sind sie längst gekeimt, und Eichenschößlinge verraten die Vorratslager. Die noch vorhandenen Samenreste genügen dem Eichelhäher zur Aufzucht der Jungen.

Pflanzen versorgen ihre tierischen Freunde aber nicht nur über Blüten und Fruchtfleisch mit Nahrung. Afrikanische und mittelamerikanische Akazien füttern Ameisen mit Nektar außerhalb der Blüten und bieten den Gast-Insekten zudem in ihren Dornen Wohnraum. Als Gegenleistung vertreiben die Ameisen Schädlinge, die es auf ihren Wirt abgesehen haben. Akazien ohne eine chitingepanzerte Söldnertruppe müssen dagegen oft unter Schädlingsfraß leiden. Die Symbiose zwischen Ameisen und Akazie geht über reine Verteidigung hinaus. Es gibt Berichte, daß Ameisen sogar Lianen aus dem Weg räumen, die »ihrer« Akazie das Licht wegnehmen.

Pflanzen bestimmen wer, wann, was von ihnen fressen darf. Und damit gleichen sie Beutetieren. Darauf wird im nächsten Kapitel (›Räuber und Beute‹) näher eingegangen. Doch, so mag man einwenden, Pflanzen besitzen im Gegensatz zu Tieren keine Warnsysteme, betreiben keine Kommunikation untereinander: Weit gefehlt! Auch solche Mechanismen wurden längst entdeckt.

Eine Überraschung erwartete die amerikanischen Ökologen Gordon H. Orians und David F. Rhoades, als sie vor Jahren in die Wälder von Seattle zogen, um dort zu erkunden, wie Weiden und Erlen ihre Fraßfeinde vertreiben. Sie entdeckten, daß die Bäume nach einem starken Insektenbefall ihre Blätter mit ungenießbaren Substanzen vollpumpen. Ziehen die hungrigen Insekten daraufhin auf benachbarte Weiden um, so erwartet sie auch dort – buchstäblich – eine bittere Enttäuschung: »Appetitzügler« wie Alkaloide und Terpene sind in den Blättern gespeichert. Orians schließt daraus: Die Pflanzen kommunizieren untereinander. Wie sie miteinander »reden« ist allerdings noch unklar. Vermutlich scheiden die Blätter einen flüchtigen Stoff aus, der die anderen Bäume »warnt«.

4. Räuber und Beute

Die Beute bestimmt ihren Verlust selbst

Zwei Drittel der bedrohten Säugetier- und Vogelarten leben, zumindest teilweise, von Fleisch. Keine andere Tiergruppe ist so gefährdet wie die natürlichen Jäger. Und das hat seine Gründe. Vom Menschen werden sie bejagt, kurz gehalten und bekämpft aus Konkurrenzangst, Gewinnsucht und aus anmaßender Hege-mit-der-Büchse-Mentalität. Wolf und Luchs, Robbe und Wal, Habicht, Uhu und Wiesel werden seltener. Trotzdem geht die sinnlose Hatz auf sie vielerorts weiter. Außerdem reichert sich in den Körpern jagender Tiere das Gift zur todbringenden Dosis an, das der Mensch ihrer zum Schädling gewordenen Beute einverleibt: Herbizide, Insektizide, Rodentizide. Mehr noch: Auch ohne menschliche Einwirkungen verschwindet der natürliche Jäger just dort, wo wir ihm den musealen Überlebensplatz zugeordnet haben, nämlich in den Reservaten. Die meist zu kleinen Gebiete gewähren weder Wolf noch Tiger oder Leopard langfristig ausreichend Beute, Platz und Paarungspartner. Deshalb sterben jedenfalls die großen Beutemacher auch dort allmählich aus und mit ihnen andere Arten, denn ohne sie zerfällt das artenreiche System.

So lautet jedenfalls die gängige Theorie. Sie besagt, daß Räuber ihre Beute regulieren und auf einem so niedrigen Bestand halten, daß diese die Pflanzendecke nicht schädigen können. So geschah es auch tatsächlich auf Royal Island im Oberen See zwischen Kanada und den Vereinigten Staaten von Amerika. Auf der 545 Quadratkilometer großen Insel waren alle größeren Tiere ausgerottet worden. Um 1905 schwammen von Kanada aus einige Elche auf das Eiland und vermehrten sich rasch. Wie zu erwarten war, übernutzten sie die Pflanzendecke, bevor sie selbst an Krankheiten und Hunger bis auf wenige Überlebende zugrunde gingen. Ende der vierziger Jahre ließ ein kalter Winter die Seeoberfläche zufrieren. Wölfe drangen auf dem Eis zur Elchinsel vor. Seither halten zwei Dutzend

Wölfe ein halbes Tausend Elche auf einem mehr oder weniger stabilen Niveau. Schäden an der Pflanzendecke und Seuchentod bei den Elchen sind seither nie mehr gemeldet worden.

Dieser Fall – ein Ausnahmefall – beeinflußte unsere Schulbuchweisheiten. Doch – dies sei vorweggenommen – Jäger und Gejagte spielen nur dort sinnvoll zusammen, wo das zerbrechliche Gleichgewicht von Angriff und Abwehr, Fressen und Gefressenwerden entstand, in der natürlichen Lebensgemeinschaft.

Die klassische Schulbuchweisheit erklärt das sogenannte Räuber-Beute-Verhältnis wie folgt: Ein hoher Beutebestand bedingt die Vermehrung seiner Widersacher. Die vielen Jäger übernutzen ihre Lebensgrundlage. Der Beutebestand bricht folglich zusammen bis auf einen für den Räuber nicht mehr erreichbaren Rest. Die daraus entstehende Nahrungsknappheit führt zu einem Bestandsverlust der Räuber. Die Beute erholt sich daraufhin. Das Wechselspiel zwischen Jäger und Gejagtem kann von Neuem beginnen.

Im Labor läßt sich der Vorgang nachvollziehen, zum Beispiel mit Einzellern (beispielsweise Pantoffeltierchen) als Beute und einem Widersacher (zum Beispiel Geißeltierchen); mehr noch: Mit einfachen mathematischen Formeln, wie sie Claudio Volterra aufstellte, läßt sich berechnen, wie sich zwei Tierbestände in einem geschlossenen System verhalten, wenn der eine vom andern lebt. Volterras Modell erschien 1926 und wurde sofort zu Recht heftig kritisiert. Es beruht auf naiven Annahmen wie etwa der, daß Fleischfresser pausenlos fressen und Beutetiere sich hemmungslos vermehren können. »Und wo in natürlichen ökologischen Systemen«, so fragten Biologen, »trifft ein Räuber auf eine einzige Beutetierart? Wo wird eine Art nur von einem einzigen Widersacher gejagt?« Dies trifft nicht einmal in den sprichwörtlich artenarmen arktischen Kältesteppen zu, wo einige wenige Räuber, etwa der Polarfuchs, die Schnee-Eule oder der Luchs, von einer Handvoll Pflanzenfressern, etwa dem Lemming, dem Schneehuhn oder dem Schneehasen leben müssen.

Dennoch schien Volterras Rechnung aufzugehen – jedenfalls nach den Büchern der Hudson Bay Company. Diese Handelsorganisation exportierte Felle vom Norden der Neuen Welt nach Europa, so auch die des Schneehasen und seines ärgsten Widersachers, des kanadischen Luchses. Über die Zahl der von Trappern und Fallenstellern an die Kompanie verkauften Felle wurde zwischen 1839 und 1937 genau Buch geführt. Die Kontore verzeichneten Jahre, in denen lediglich 20000 Luchs- und Hasenfelle verschickt werden konnten. In Jahren mit Rekordfängen, die zweifellos Perioden von Massenvermehrungen widerspiegelten, wurden 30000 bis 80000 Luchs- und 80000 bis 160000 Hasenfelle abgeliefert. Für die Fellhändler erfolgreiche Abschlüsse wiederholten sich etwa alle 10 Jahre und zwar gleichzeitig für Hasen- und Luchsbälge. Ebenso erreichten beide Arten in gleichen Jahren Tiefstände. Die Erklärung dieses Phänomens lag nach dem von Volterra abgeleiteten Motto auf der Hand: Viele Hasen sind vieler Luchse Brot – viele Luchse wiederum des Hasen Tod.

1972 veröffentlichte aber ein Team kanadischer Wildbiologen seine Studien über Luchs und Schneehase. Danach machen Schneehasen zwar Dreiviertel der Luchsnahrung aus. Der Luchs dagegen ist nur für den Tod von einem unter neun Hasen verantwortlich. Kalte, schneereiche Winter und Nahrungsknappheit setzen dem Hasen viel mehr zu als der Widersacher. Kurz: Die Beute reguliert zwar den Raubfeind, dieser hat aber kaum Einfluß auf den Bestand seiner Beute.

Offenbar verfügt die Beute über Regelmechanismen wie etwa die Bestandsdichte, die mitbestimmen, wieviel der Fleischfresser erbeuten kann, mehr noch: Die Beute entscheidet sogar, wer gefressen wird. Dazu zwei Beispiele: Bisamratte und Moorschneehuhn.

Erwachsene Bisamratten leben paar- oder familienweise und verteidigen gegenüber gleichartigen Nachbarn ein Revier. Seine Grenze umschließt die im Gewässerufer eingegrabene Wohnhöhle, Nahrungsplätze und andere lebensnotwendige Requisiten. Vermehrt sich der Bisambestand so stark, daß an einem See- oder Flußufer mehr Anwärter vorkommen als es Platz für Reviere gibt, so werden schwache Tiere in Rivalenkämpfen durch Bißwunden verletzt. Überlegene Revierbesitzer drängen sie schließlich an den Rand der von Bisamratten feindsicher bewohnbaren Schilf- und Sumpfzonen. Hier jagt der Nerz. Denn hier genießt seine Beute nicht mehr die Vorteile wie Ortskenntnis, Fluchtröhren oder gewandtes Schwimmen und Tauchen. Außerdem ist sie infolge der innerartlichen Kämpfe geschwächt.

Für erwachsene Bisamratten bedeutet Revierbesitz also nicht nur bestmögliche Wohn- und Nahrungsmöglichkeiten, sondern auch bestmöglichen Schutz vor Widersachern. Das gleiche gilt für Moorschneehühner.

Im schottischen Hochland kennzeichneten David Jenkins und seine Mitarbeiter mit farbigen Flügelmarken Hunderte dieser Wildhühner. Von 383 den Forschern bekannten Moorschneehühnern, die ein Revier erobern und verteidigen konnten, rissen innerhalb eines Winters Füchse und Greifvögel lediglich 7, also 2 Prozent. Von 261 Moorschneehühnern dagegen, denen es nicht gelang, ein Revier zu behaupten, wurden 36 durch Widersacher getötet, umgerechnet 14 Prozent oder siebenmal mehr als bei den Revierbesitzern.

Soziale Raumorganisation entscheidet auch bei den innerartlich viel verträglicheren Axishirschen über Leben und Tod. Im Zentrum ihrer 30- bis 300köpfigen Herden halten sich Weibchen und Jungtiere, sowie ein bis drei starke, erwachsene Stiere auf. Am Rande der Gruppen stehen junge und schwache erwachsene Männchen. Nähern sie sich dem Herdenzentrum, so werden sie von den dort vorhandenen ranghohen vertrieben. Bei einer solchen Raumorganisation der Hirsche verwundert es nicht, daß die Leoparden im ceylonesischen Yala-Nationalpark oder die Rothunde im indischen Kanha-Nationalpark unter Axishirschen fast nur Männchen erbeuten. Dem Beutebestand fügen sie damit minimalsten Schaden zu, denn sie fressen jene Mitglieder, die für die Arterhaltung der herdenbildenden Axishirsche am unbedeutensten sind: die überzähligen Männchen.

Je wehrhafter die Beute, desto gefährlicher der Feind

Raubtiere werden denjenigen Arten gefährlich, die ihnen an Wehrhaftigkeit überlegen sind. Diese scheinbar absurde Behauptung bedarf der Erklärung. Wehrhafte Jäger wie Tiger, Leopard oder Rothund könnten zum Beispiel jeden Axishirsch überwältigen. Weder

Hufschläge noch Geweihstöße halten sie davon ab. Daß sie vor allem Männchen töten, beruht auf der präzisen sozialen Raumorganisation der Hirsche und nicht etwa auf dem Beutewahlverhalten der Jäger. Der etwa pudelgroße Goldschakal dagegen, der knapp ein Drittel eines ausgewachsenen Axishirsches wiegt und vor allem Aas und Kleintiere frißt, hält sich an Neugeborene. Er jagt gezwungermaßen selektiv. Damit wird er für die Hirsche zum erstrangigen Gefahrenmoment, denn er tötet eben jene Mitglieder der Herde, die zur Arterhaltung am wichtigsten sind. Folglich mußten die erwachsenen Hirsche Abwehrmechanismen entwickeln, um ihre Jungen, so gut es geht, mit Huf- und Geweihschlägen gegen Schakale zu verteidigen, Widersacher, die ihnen selbst nichts anhaben können, weil sie schwächer und langsamer sind. Wittern die Axishirsche jedoch einen Tiger, so beschränkt sich die Abwehr auf bellende Warnrufe und Massenflucht, denn keiner ist sicher vor dem übermächtigen Feind.

Bei Elefantenherden löst die gestreifte Raubkatze dagegen ein ähnliches Herdenverhalten aus wie der nur scheinbar harmlose Schakal bei den Axishirschen: Sie igeln sich zu wehrhaften Gruppen zusammen, deren Phalanx aus tonnenschweren Körpern die anfälligen Neugeborenen verbergen. Aus solchen Abwehrformationen heraus preschen junge Bullen auf den zehnmal leichteren Widersacher zu und vertreiben ihn, während sich die Erwachsenen gegenseitig mit Futter beruhigen, das sie sich mit dem Rüssel gegenseitig in die Mäuler schieben. Dermaßen komplexe Strategien mußten in der Entwicklungsgeschichte des Elefanten deshalb entstehen, weil Tiger den Elefantenbestand tatsächlich bedrohen könnten, auch wenn sie nur hie und da ein Neugeborenes reißen, denn Elefantenweibchen pflanzen sich nur alle vier Jahre fort. Jedes der seltenen und zudem anfälligen Jungen ist grundsätzlich wichtig für die Erhaltung der Art.

Die wechselseitige Beeinflussung von Raubtier und Beute liefert Musterbeispiele dafür – so Konrad Lorenz, »wie der Selektionsdruck einer bestimmten Leistung entsprechende Anlagen bewirkt. Die Schnelligkeit der gejagten Huftiere züchtet den sie jagenden Großkatzen gewaltige Sprungkraft und fürchterlich bewehrte Tatzen an, diese ihrerseits der Beute immer feinere Sinne und immer flinkere Läufe« oder eben ausgeklügelte Abwehrsysteme wie bei den

Elefanten. In diesem entwicklungsgeschichtlichen Wettlauf führen immer die Beutetiere, ein Prinzip, das für Jäger und Gejagte von grundsätzlicher Bedeutung ist.

Ein anderes Prinzip der Räuber-Beute-Beziehung besagt verallgemeinernd, daß große Fleischfresser ein breites, kleine dagegen ein schmales Beutespektrum haben. Dies trifft sogar zu für den Vergleich zwischen Fuchs und Wiesel, dem kleinen Marder mit dem langgestreckten, von kurzen Dackelbeinen getragenen Körper, der seine Beute selbst in ihrem Unterschlupf erlegen kann. Wiesel ernähren sich zu 90 Prozent von Mäusen, Der Rest der Nahrung besteht aus anderen Kleintieren. Reinecke dagegen lebt von Insekten, Schnecken, Würmern und Mäusen. Gelegentlich jagt er Rehkitze. Bodenbrütende Vögel, ihre Eier und Küken gehören ebenso auf seinen Speisezettel, wie Aas, Fallobst, Beeren und Kräuter.

Anfang der fünfziger Jahre führte man in England den ausgesprochen hohen Fuchsbestand auf die allgegenwärtigen Kaninchen zurück, von denen er damals hauptsächlich lebte. Als aber zwischen 1953 und 1954 der Kaninchenbestand durch Seuchen auf ein Zwanzigstel seiner Größe zusammenbrach, war keine Verminderung der Füchse zu verzeichnen, im Gegenteil: Die Füchse vermehrten sich weiterhin. Kaninchen waren für sie die bestmögliche, nicht aber die lebensnotwendige Nahrung. Füchse, Nahrungsopportunisten par excellence, passen sich – funktionell, wie Ökologen sagen – auch einem hohen Mäuseangebot an und ernähren sich fast ausschließlich von den kleinen Nagetieren, solange sie häufig und leicht zu jagen sind.

Das Wiesel, ein Mäusespezialist, reagiert radikal auf Nagerüberfluß und zwar durch erstaunliche Tricks in seiner Fortpflanzungsbiologie. Wieselmännchen erreichen ihr fortpflanzungsfähiges Alter mit 12 Monaten, die Weibchen schon viel früher, nämlich mit 5 Wochen. Zu diesem Zeitpunkt können sie noch nicht richtig gehen und beginnen gerade zum erstenmal ihre Augen zu öffnen. Mütter werden sie bereits, bevor sie ausgewachsen sind. Solche Frühreife tritt allerdings nur auf, wenn hohes Mäuseangebot herrscht.

Nahrungsüberschuß wirkt aber auch auf die Länge der Tragzeit. Sie beträgt – so der Schweizer Zoologe Heinrich Müller – siebeneinhalb Wochen oder 7 bis 12 Monate. In mäusereichen Vorsommern setzen sämtliche Weibchen – die noch völlig von ihren Eltern abhängigen Nesthocker mit eingeschlossen – 3 bis 13 Junge nach einer kurzen Tragzeit von knapp 2 Monaten. Findet die Wieselpaarung jedoch im Herbst statt, so entwickelt sich der Keim lediglich bis zum sogenannten Blastulastadium. Er wird dann aber nicht – wie bei den meisten Säugetieren üblich – sofort in die Gebärmutterwand eingebettet, sondern verharrt monatelang in »Keimruhe«. Die Jungen werden dann, wiederum je nach Mäuseangebot, im März, April oder Mai geboren, genau während jener Periode, in der sich der Mäusebestand zu vermehren beginnt.

Wie nachhaltig Wiesel überhandnehmende Mäusebestände reduzieren können, erwies sich auf der Nordseeinsel Terschelling. Hier schädigten unzählige Wühlmäuse zwischen 1910 und 1930 neuangelegte Forstkulturen. 1931 wurden neun Wiesel ausgewildert, die sich rasch vermehrten. Die Wiesel rotteten die Wühlmäuse zwar nicht aus, verringerten aber durch »numerische« Anpassung den Mäusebestand so stark, daß Schäden an den Jungbäumen fortan ausblieben.

Spezialisten wie die Wiesel und Generalisten wie die allesfressenden Füchse wirken auf eine sich anbahnende Massenvermehrung der Nager wie die Feuerwehr. Der zuerst eintreffende »Löschzug« – in dem Bild stellvertretend für die Füchse – verhindert die räumliche Ausbreitung des Brandes, beziehungsweise des Beutebestandes. Der später eintreffende »Löschzug« – die Wiesel – versuchen den Brandherd, das heißt das Zentrum der Mäuseplage, zu bekämpfen.

Konkurrenz zwischen Generalisten und Spezialisten ist zwar offensichtlich, in artenreichen Lebensgemeinschaften aber schwer beweisbar. Dort aber, wo viele Widersacher von einer einzigen Beutetierart abhängen, etwa in den südpolaren Meeren, fällt die Beweisführung leichter. Hier leiteten die rücksichtslosen Walfangflotten ein geradezu gigantisches ökologisches Experiment ein.

Krill, die Masse streichholzkleiner Krebse, ernährt das größte Tier, das je auf Erden lebte, den Blauwal. 4 Tonnen davon filtern die Barten eines einzigen dieser Giganten täglich aus dem Meer und decken somit den Energiebedarf für Unterhalt, Heizung, Wachstum und Bewegung eines Körpers, der soviel wie 4 Brontosaurier, 25 Elefanten, 150 Rinder oder 1600 Menschen wiegt.

Hunderttausend dieser Kolosse durchpflügten noch vor einem Jahrhundert die Weltmeere und verzehrten während der vier Monate, die sie in südpolaren Meeren verbringen, dort allein schon 40 Millionen Tonnen der Leuchtkrebse. Heute schätzt man seinen Bestand auf etwa 1000 Blauwale. Gewinnsüchtige Tran-Kocher haben aber auch die Glatt-, Buckel-, Sei- und Finnwale mit schwimmenden Fabriken ruhelos verfolgt, rücksichtslos harpuniert und nahezu ausgerottet.

In antarktischen Gewässern entstand mit dem Verlust von abertausenden Plankton fressenden Kolossen ein jährlicher Krillüberschuß von 150 Millionen Tonnen. Das sind so viel von den garnelenähnlichen Gliedertieren, wie sich in einen Würfel von 530 Metern Seitenlänge packen ließen. Opportunistisch wie Füchse paßten sich die Fangflotten dem freigewordenen Eiweiß funktionell an: 1979 verarbeiteten sie 100000 Tonnen Krill zu Viehfutter. Im antarktischen Sommer 1980/81 fischten allein die Russen eine Million Tonnen. Verglichen mit dem Überschuß sind dies aber nur lächerliche zwei Drittel eines Prozents.

Die eigentlichen Krillspezialisten dagegen reagierten auf die reichlich vorhandene Nahrung wie Wiesel auf die Mäuseplage; sie paßten sich numerisch an. Und hier am Rande des ewigen Winters lebt – vom Plankton einmal abgesehen – jedes Tier vom Kieselalgen fressenden Krill oder von Krillfressern, sei es nun Fisch oder Tintenfisch, Robbe oder Zahnwal, Pinguin oder irgendein anderer Wasservogel.

Im Südatlantik ist die Zunahme der Pinguine am bedeutendsten, denn hier überlappten sich einst ihre Lebensräume mit denjenigen der Bartenwale am meisten. Auf den Ross-Inseln dagegen haben die seit einem halben Jahrhundert völlig geschützten Pinguine überhaupt nicht zugenommen, weil Bartenwale früher nie so weit reisten.

Genau gleich wie die Pinguine reagieren Seebär und Krabbenesser, zwei Robbenarten, auf den Krillüberschuß; ihre Bestände nehmen stetig zu. Seit die Bartenwale, die mächtigen Krillkonkurrenten, selten sind, erreichen Krabbenesser, die sich ausschließlich von Krill ernähren, ihr fortpflanzungsfähiges Alter nicht erst als Sechsjährige, sondern bereits mit zweieinhalb Jahren. Ähnliches gilt auch für die noch übriggebliebenen Bartenwale. Der Finnwal pubertierte um 1920 im Alter von elf oder zwölf Jahren, um 1960 aber bereits schon mit neun Jahren. Der Zwergwal, eine Art, die erst bejagt wurde, als die großen Bartenwale geschützt werden mußten, eroberte rasch das Vakuum, welches die Großen hinterlassen haben. Heute wächst er rascher und pflanzt sich bereits mit sechs oder sieben Jahren und nicht erst mit vierzehn fort.

In der Antarktis pendelt sich ein neues Gleichgewicht zwischen Jägern und Gejagten ein. Im Kampf um Krill entstehen neue Konkurrenzverhältnisse, die vielleicht sogar der Erholung der dahinsiechenden Bartenwalbestände entgegenwirken.

Im Ökosystem antarktischer Meere fließt Energie in einfachen Nährstoffketten von Algen über Krill, Fische oder Tintenfische zu Vögeln und Säugetieren. In komplexeren ökologischen Systemen dagegen, etwa der mitteleuropäischen Waldlandschaft, ernähren viele Pflanzen viele Tierarten. Energie fließt hier durch enggewobene Nahrungsnetze, und damit wird es unmöglich, Konkurrenz zwischen einzelnen Beutegreifern zu messen. Doch immerhin läßt sich abschätzen, wer hier im Kampf um Beute tonangebend ist: Es sind die Kleinen wie etwa Spitzmaus, Mauswiesel oder Wiesel, nicht die Großen wie Uhu, Luchs oder gar Wolf. Die Gründe dafür sind rasch aufgezählt. Kleine sind häufiger, spezialisierter, verbrauchen verhältnismäßig viel mehr Energie und pflanzen sich auch rascher fort. Einige Beispiele dazu:

Die Zwergspitzmaus, der kleinste warmblütige Fleischfresser, wiegt nur 4 Gramm und jagt täglich Insekten, die dem Doppelten ihres eigenen Körpergewichts entsprechen; beim 150 bis 300 Gramm schweren Wiesel entspricht die täglich aufgenommene Futtermenge einem Drittel des Körpergewichts (50 bis 100 Gramm), beim 4 bis 8 Kilogramm schweren Fuchs einem Siebentel (also ein halbes bis gut ein Kilogramm), beim 30 Kilogramm schweren Luchs lediglich noch einem Zwanzigstel (etwa anderthalb Kilogramm). Auf einem einzigen Quadratkilometer Wiesland mausen fünf, gelegentlich sogar elf Wiesel. Ein Luchspaar oder ein einziger Wolf dagegen brauchen Reviere von wenigstens 20 Quadratkilometer Größe. Auf dieser Fläche können 80 Eulen und Greifvögel sowie 120 Marderartige und streunende Hauskatzen leben und zusammen täglich wenigstens 20 Kilogramm Kleintierbeute erjagen. Die beiden Luchse und der einzelne Wolf dagegen jagen täglich auf der gleichen Fläche zusammen nur 4 Kilogramm, die zum Teil von großen Beutetieren stammen. Fazit: In intakten Artgefügen, so läßt sich vermuten, können viele kleine Beutegreifer die wenigen großen dazu zwingen, vermehrt auf große Beute zu jagen, die außerhalb der Reichweite der kleinen liegt.

Doch intakte Artgefüge wurden längst zur Mangelware, selbst in Reservaten. Und damit werden stolze Beutemacher, wie zum Beispiel Tiger, Leopard und Luchs, zur ökologisch bedeutungslosen Staffage wie Marienkäfer in der Monokultur. Dort leben diese Insekten und ihre Larven zwar nach wie vor ausschließlich von Blattläusen; ihr Bestand ist aber viel zu gering, um das Millionenheer der schädlichen Pflanzensauger spürbar zu reduzieren, denn Beutegreifer leben – sowenig wie alle andern Organismen – nicht von »Brot« allein, was nun zu zeigen ist.

Räuber regulieren ihren Beutebestand nur im passenden Milieu

Jagd- und Abwehrmethoden sind aufeinander abgestimmt. Richtig wirken können sie nur in derjenigen Umwelt, in der sie einst entstanden. Das merkten Wildbiologen zum Beispiel im Verlauf eines der erfolgreichsten Naturschutzunternehmen überhaupt: der »Operation Tiger« in Indien.

1972 begann im zentralindischen Kanha-Nationalpark das internationale Tigerschutzprogramm. Experten fürchteten damals, daß die 21 verbliebenen Tiger den 800köpfigen Axishirschbestand verringern könnten. Doch davon ist längst nicht mehr die Rede. Im Gegenteil: 1980 lebten schließlich 34 Tiger in Kanha, dagegen aber 3500 Axishirsche. Der Jäger vergrößerte seinen Bestand nur um das Anderthalbfache, die Beute vervierfachte sich. Auch die Rotwölfe wurden auf den von Axishirschen bevölkerten Kanha-Wiesen nie seßhaft. Sie verlassen auch heute noch plötzlich diese scheinbar ausgezeichneten Jagdgründe und jagen fernab in den Wäldern. Damit erreichen die Wildhunde, daß ihre Beute die Jagdstrategien nie richtig kennenlernen kann. Leichte Beute nach energiesparender Jagd ist den Rotwölfen nur dann gewiß, wenn sie verhältnismäßig selten, dafür um so überraschender auftauchen.

Auch der seßhafte Tiger verrät seiner Beute möglichst wenig von seiner Jagdpraxis. Er tötet allein als »Ansitzjäger« und vertraut dabei auf die Tarnwirkung seines gestreiften Fells. Sobald er Beute gemacht und gefressen hat, liegt er seitlich oder auf dem Rücken und zeigt dabei seine leuchtend weiße Körperunterseite – gewissermaßen die »Friedensfahne«. Hirsche machen satte Tiger sofort aus und lernen dabei nicht, ihn in seinem Tarnkleid noch leichter zu erkennen, als sie es ohnehin schon können. Doch in Kanha ist der Axishirsch sowieso schon längst im Vorteil, denn das weltberühmte Reservat entspricht der ursprünglichen Lebensgemeinschaft nur noch zum Teil. Viele Wälder wurden hier im vergangenen Jahrhundert gerodet. Grasländer entstanden – Unmengen von zusätzlicher Hirschnahrung wuchsen. Für den auf sein Tarnkleid angewiesenen Tiger brachten die künstlichen Savannen aber einen großen Nachteil: Die deckungsarmen Gebiete entlarven ihn. Das Tarnkleid für den Wald wird zum Warnkleid für die Hirsche, die ihn dort schon aus sicherer Entfernung erkennen.

Das gleiche Bild bietet sich im ceylonesischen Yala-Nationalpark: Auf seinem einst von Menschen dem Dschungel abgerungenen Grasland wurden Abertausende von Wasserbüffeln längst zum Schadwild, da sie mehr fressen als nachwächst. Die Grasnarbe verschwindet zusehends. Der Leopard ist nicht mehr in der Lage, die Fehlentwicklung zu bremsen, obwohl er in den noch verbliebenen

Waldgebieten den Büffelbestand erheblich einschränken kann. Hier leben Wasserbüffel, da geeignetes Futter in der unterwuchsarmen Vegetation selten ist, in geringer Zahl und bilden geschlossene »Ein-Mann-Gruppen«, das heißt, rund zwölfköpfige Herden aus Kühen, Kälbern und einem mächtigen Bullen. Häufige Todesfälle wiederholen sich etwa alle sieben Jahre, wenn der Monsun ausfällt und damit Wasser und Futter knapp werden.

Doch auch der Leopard (der Tiger fehlt in Sri Lanka), kann gefährlich werden, denn er schlägt Neugeborene, obwohl die erwachsenen Büffel versuchen, ihn zu vertreiben. Welche Gefahr die jagende Großkatze, die nur Neugeborene zu töten vermag, für Wasserbüffel tatsächlich ist, zeigt seine Fortpflanzungsbiologie. Büffelkühe setzten nämlich Junge nur während einer ganz kurzen Periode zu Beginn des nahrungsreichen Frühjahrsmonsuns. (Axishirsche dagegen bringen während des ganzen Jahres Junge zur Welt.) Mit dieser Maßnahme überhöht die Beute das Angebot dermaßen stark, daß selbst die hohe Nachfrage des Widersachers nicht genügt, um sämtliche Neugeborenen zu töten.

Dieselbe Strategie schützt Wasserbüffel selbstverständlich auch auf den künstlichen Savannen. Hier leiden sie aber weder Futterknappheit noch Wassermangel, weil Naturschützer riesige Wasserstellen gruben. Damit fielen zwei weitere wichtige Regulatoren aus. Der Leopard genießt zwar heute völligen Schutz, als Regulator hat er längst keine Bedeutung mehr.

Das gleiche gilt auch für den in den Kulturlandschaften wieder ausgewilderten Luchs. Für den Artenschutz ist zum Beispiel das Schweizer Luchsexperiment beachtenswert, gelang es doch, aus einer Handvoll in der Zentral- und Westschweiz angesiedelten Luchse einen Bestand von rund 100 heranzuhegen, der heute weite Teile der Alpennordseite bevölkert. Doch was Förster und Naturschützer hofften, Jäger dagegen befürchteten – die Dezimierung der zum Schädling am Wald gewordenen Rehbestände – trat nicht ein und wird wohl auch nie eintreten. Denn der Luchs lebt von Fleisch und nicht von der Jagd.

Diese saloppe Formulierung bedarf näherer Erläuterung: In den sprichwörtlich ebenso natürlichen wie reharmen letzten Urwäldern

Osteuropas erbeuten Luchse neben reicher Kleintiernahrung vor allem Rehkitze und doppelt so viele Ricken wie Böcke. Das selektive Jagen wirkt dämpfend auf die Bestandsentwicklung der Rehe, denn Luchse töten die für rasches Wachstum wichtigsten Mitglieder. Doch Luchse leben auch von Kranken und Kadavern, so in den Karpaten oder in Schweden. Und solche, ohne nennenswerten Aufwand zu beschaffende Nahrung wird mit zunehmendem Rehbestand häufiger, wird dort alltäglich, wo die wählerischen Laubfresser nicht mehr genügend Nahrung finden, folglich Kondition verlieren und, durch permanenten Streß sozialer Auseinandersetzungen geschwächt, krankheitsanfälliger werden. Damit wird der Luchs als Widersacher zur Farce: Er wirkt – falls überhaupt noch – beschleunigend auf das Wachstum des ohnehin zu hohen Rehbestandes.

In der Kulturlandschaft kann lediglich der Mensch durch jagdliche Eingriffe überhandnehmende Pflanzenfresserbestände reduzieren. Das gleiche gilt schon längst für die Wasserbüffel im Yala-Nationalpark von Sri Lanka und wird wahrscheinlich schon bald für die Axishirsche im Kanha-Tiger-Schutzgebiet zur notwendigen Alltäglichkeit werden müssen, doch darf das jagdliche Ziel dabei nicht von trophäenstarker Beute bestimmt werden, sondern von genauesten Beobachtungen an der Pflanzendecke, deren Erneuerungsfähigkeit durch den Abschuß garantiert werden muß. In solchen naturschützerisch dringenden Unterfangen beweist der menschliche Jäger, daß er vielfältiges Leben erhält, indem er tötet.

5. Konkurrenz

Unsichtbare Widersacher

Die härtesten Schlachten im Überlebenskampf der Arten werden nicht etwa zwischen Beute und Widersacher geschlagen. Sie verlaufen vielmehr als unspektakuläre Wettkämpfe zwischen Konkurrenten: Um Nahrung, Nestplatz und Nistmaterial, um Sonnenlicht, Schatten und Schutzraum vor Regen und Schnee. Allgemein ausgedrückt: Es geht um alle jene Ressourcen der belebten und unbelebten Umwelt, die in beschränktem Maße zur Verfügung stehen, überlebensnotwendig sind und schon einer einzigen Art Grenzen setzen können. Zweifellos gehören dazu Nahrungsangebot und Fortpflanzungsorte. Verdrängt beispielsweise der El Niño-Strom vor den Galapagos-Inseln vorübergehend den kalten, nährstoffreichen Humboldtstrom aus dem Süden, so verschwinden die Fischschwärme, von denen Fregattvögel, Tölpel oder Albatrosse leben. Diese bringen aufgrund der Nahrungsknappheit in El-Niño-Jahren ihre Brut nicht auf, und sogar ein Teil der Halbwüchsigen muß verhungern. Gleiches gilt für den Seebären, eine kleine Robbenart. Seelöwen dagegen tauchen tiefer als hundert Meter in Wasserschichten hinab, die vom fischfeindlichen Strom nicht erfaßt werden; sie haben keinen Verlust des Nachwuchses. Für die Lachmöve, ein Allesfresser par excellence (7. Kapitel, Abschnitt ›Möwen haben gut lachen‹), ist Nahrung immer im Überfluß vorhanden. Nistplätze dagegen sind so selten, daß sie ganz wesentlich mitentscheiden, wie groß eine Möwenbevölkerung überhaupt werden kann. Taucht dort plötzlich ein Mitbewerber auf und macht ihr das Grundstück streitig, so hängt es von der Wettbewerbsfähigkeit der Lachmöve ab, ob und in welcher Bestandsstärke sie überhaupt noch überleben kann. Am besten für sie ist es jedenfalls dann, wenn es die Konkurrenten gar nicht gibt. Das gilt gleichermaßen für alle Tier- und Pflanzenarten. Folglich mußten die Mitglieder einer Lebensgemeinschaft Mechanismen ausbilden, mit Hilfe derer sie die vorhandenen Ressourcen untereinander aufteilen und dabei zwischenartliche Konkurrenz nach Möglichkeit vermeiden können, was seinerseits die Struktur der Lebensgemeinschaft bestimmt und die Diversität der Arten ganz wesentlich beeinflußt.

Verglichen mit zwischenartlicher Konkurrenz verlaufen Auseinandersetzungen zwischen Räuber und Beute geradezu rücksichtsvoll, ganz einfach deshalb, weil es sich Blattläuse nicht leisten können, die Bohnenpflanzen, von deren Säften sie leben, auszurotten. Sie würden wie ihre Beute ein für allemal verschwinden. Ebenso stürben Löwen aus, wenn ihre Jagdstrategien erfolgreicher wären als die Abwehrmechanismen der von ihnen genutzten Huftierherden. Und genau gleich erginge es dem Tollwutvirus, wenn es alle Wirte auf einmal töten könnte.

Ganz anders als der Angriff des Räubers auf die Beute verlaufen Konkurrenzkämpfe zwischen Arten für den menschlichen Betrachter zeitlupenhaft und im Verborgenen. Ja, daß es sie überhaupt gibt, merken wir meist erst dann, wenn plötzlich einer der Konkurrenten fehlt. So ist es jüngst in den südpolaren Meeren geschehen, wo Wale, Robben und Pinguine von Krill, der Masse Abermilliarden kleiner Leuchtkrebse, leben. Kaum hatten die Walfänger die großen Bartenwale praktisch ausgerottet, nahmen die Bestände ihrer Nahrungskonkurrenten, die Robben, Zahnwale und Pinguine, fast explosionsartig zu (vgl. Kapitel 4: ›Räuber und Beute‹).

Der Fortpflanzungserfolg ist eines der Maße für Wettbewerbsfähigkeit, »Fitness« ist ein anderes. Das Edelweiß, das sich heute jeder für drei Mark per Stock beim Gärtner kaufen kann, strotzt auf reichem Humus im Garten geradezu vor »Fitness«. Im Tiefland gedeihen sie üppiger, wachsen dreimal höher, blühen und versamen besser als am kargen Kalkfels hoch über der Waldgrenze in den Alpen, allerdings nur so lange, wie der Gärtner dem sonnenhungrigen Korbblütler lästige Konkurrenten aus der Nähe jätet. Ähnlich wie mit dem Edelweiß verhält es sich mit vielen Pflanzen aus Bergregionen – Fichte, Tanne und Lärche mit eingeschlossen: Sie wachsen im nährstoffreichen Boden des warmen Flachlands viel besser als in der Höhe. Doch hier werden sie ohne menschliche Hilfe rücksichtslos von Konkurrenten verdrängt, die rascher wachsen und sie im Wortsinn in den Schatten stellen. Dies bedeutet jedoch nicht, daß Licht das einzige oder wichtigste Streitobjekt im Konkurrenzkampf zwischen grünen Pflanzen ist; nicht einmal im schattigen Fichtenforst, wo der schüttere Unterwuchs dies leicht vermuten ließe, ist dies der Fall. Der unscheinbare Sauerklee, der hier, häufig verborgen im Moos, noch wächst, erhöht sofort seine Stoffproduktion um das Zehnfache, wenn man durch halbmetertiefe Spatenstiche rings um ihn die Fichtenwurzeln durchtrennt. Damit wird die Konkurrenz um Bodennährstoffe, zum Beispiel Stickstoffverbindungen, ausgeschaltet. Der Sauerklee wächst jetzt, ohne daß sich Licht- und Wasserverhältnisse geändert haben, zur starken Pflanze heran, die ihrerseits das Moos bedrängt.

Die Gesamtheit aller lebensnotwendigen Requisiten einer Art wird als ökologische Nische bezeichnet, und indem sie diese Nische nutzt, spielt jede Art eine ganz bestimmte ökologische Rolle; sie übt gewissermaßen einen ganz bestimmten »Beruf« aus.

Bleiben wir beim oberflächlichen Vergleich mit dem Menschen! Der Angestellte in der Bank, der unser Geld wechselt, oder der Friseur, der uns die Haare schneidet, üben ganz bestimmte Berufe aus. Das heißt aber nicht, daß sie nicht noch andere Fähigkeiten hätten und beispielsweise als Journalist oder Automechaniker leben könnten. Es kann ja sein, daß sie lediglich infolge von Konkurrenz während der Ausbildung oder auf dem Stellenmarkt zur momentanen Rolle gezwungen wurden. Beide können, daran besteht kein Zweifel, sicher mehr, als sie in der Ausübung ihrer Berufe zeigen.

Ähnlich verhält es sich mit jeder Tier- und Pflanzenart. Infolge Konkurrenz mit andern Arten können sie nur einen Teil ihrer »Fundamentalnische« ausfüllen und nur einen Teil ihrer ökologischen Rolle realisieren. Der Feldsperling etwa kommt in ländlichen, vorstädtischen und verstädterten Gebieten vor. Doch nicht überall verhält es sich so. Auf dem europäischen Festland und den britischen Inseln meidet er die Städte, die hier vom Haussperling bewohnt werden. In Sardinien dagegen verstädterte der Feldsperling. An Stadträndern und auf dem Lande wohnt dort der Weidensperling.

Im Konkurrenzkampf um das Wohnrecht in der Stadt dominiert der Haus- über den Feldsperling und dieser über den Weidensperling. Ob dabei Nahrung, Nistplatz oder eine andere Dimension der ökologischen Nische entscheidend ist, ist unklar. Klarer ist der Sachverhalt beim Wildschwein. In Eurasien hält sich dieser Allesfresser unter den Paarhufern vor allem an pflanzliche Kost, an Wurzeln, Knollen, Früchte und Kräuter. Fleischnahrung nimmt er selten zu sich. Ganz anders auf Sri Lanka: Auf der Insel fehlen die großen Aasfresser, Hyänen und Geier. Hier leben die Wildschweine in erster Linie von dem, was Leoparden von großen Beutetieren übriglassen, ja die Rotten, die selbst keinen erwachsenen Axishirsch töten könnten, jagen Leoparden die frischgetötete Beute sogar erfolgreich ab.

Auch die Kiefer spielt nicht immer die gleiche Rolle. In Mitteleuropa wächst sie nämlich auf ganz unterschiedlichen Böden: Einerseits auf trockenen Sand- oder Kalkböden, andererseits auf sauren Moorböden. Was Säuregrad und Wassergehalt dieser Böden anbelangt, so sind größere Unterschiede kaum vorstellbar. Der scheinbare Widerspruch rührt daher, daß die Kiefer durch stärkere Konkurrenten von den für sie günstigeren Standorten in extreme Lebensräume verdrängt wird. Gleiches gilt etwa auch für das Vorkommen von drei in Mitteleuropa häufigen Wiesengräsern, dem Fuchsschwanzgras (*Alopecurus pratensis),* dem Glatthafer *(Arrhenatherum elatius)* und der Trespe *(Bromus erectus).* Das erste wächst auf feuchten, das zweite auf frischen, das dritte auf trockenen Wiesen am besten, jedenfalls unter natürlichen Konkurrenzbedingungen. In Versuchen dagegen, wo jedes dieser Gräser auf Parzellen einzeln ausgesät wird, wachsen alle dann am besten, wenn der Boden weder sehr feucht noch sehr trocken ist. Erst in der Mischsaat zeigen sie ihr ökologisch unterschiedliches Verhalten: Der Glatthafer, der stärkste der drei Bewerber, verdrängt die beiden anderen von den besten in die trockenen oder sehr feuchten Standorte.

Für die meisten Pflanzen- und Tierarten gilt: Sie leben häufig gar nicht dort, wo es ihnen am besten »paßt«, sondern dort, wo sie von Konkurrenten möglichst unbehelligt leben können. Warum gelingt es aber den Starken nicht, die Schwachen völlig zu verdrängen? Dazu noch ein Beispiel aus der Agrarlandschaft: Weißer Senf (*Sinapis alba)* und Saathafer *(Avena sativa)* wachsen in Mischkulturen mit

Saatwicke *(Vicia sativa)* und Saatweizen *(Triticum aestivum)* ungestüm und bedrängen die beiden Unterlegenen. »Stark« sind sie aber nur in der Nähe der Schwachen. Stehen sie unmittelbar neben Artgenossen, stellt sich als Folge heftiger innerartlicher Konkurrenz sofort Kleinwüchsigkeit ein, kurz: »Der Starke ist am mächtigsten allein«. Das gilt nicht nur für Schillers Wilhelm Tell, sondern auch für Konkurrenten auf der Ökobühne. Scheinbar unterlegene Arten wie Saatweizen oder Saatwicke dagegen gedeihen am besten im Artverband. Dies trifft übrigens auch für Eichenkeimlinge zu, die im Wettbewerb mit Gras und Kraut häufig unterliegen, jedenfalls dann, wenn sie alleine keimen müssen. Der Baumschößling wird kurzerhand erdrückt. Legt dagegen der Förster oder ein vorratswirtschaftbetreibender Eichelhäher die Eicheln nestweise aus, so ändert sich das Bild: Jetzt sind nur noch die am äußeren Rand wachsenden dem Wettbewerb mit schnellwüchsigen Gräsern und Kräutern ausgesetzt. Der in der Mitte des Nestes aufwachsende Keimling dagegen wird durch die Artgenossen geschützt. Er hat Zeit aufzuwachsen, sich über Gras und Kraut zu erheben, ein kräftiges Wurzelsystem auszubilden und schließlich zur dominierenden Baumpersönlichkeit zu werden.

Konkurrenz schafft bessere Marktanteile

Höhere Tiere sind bewegliche Raum-Zeit-Gestalten. Deshalb können zwei oder mehrere Arten die sich überlappenden Teile ihrer Nische zu verschiedenen Tages- oder Jahreszeiten nutzen, etwa Mäusebussard und Waldohreule. Beide Arten ernähren sich größtenteils von Wühlmäusen; die eine geht tagsüber auf die Jagd, die andere nachts. Fuchs und Dachs wiederum können – angeblich häufig – den gleichen Bau bewohnen. Der Fuchs, ein eher tagaktives Tier, verschläft die Nacht unter Tage. Der nachtaktive Dachs dagegen verschläft den Tag im Bau. Unterschiedliche Fahrpläne ermöglichen es auch Sturmvögeln, in ein und derselben Brutkolonie ihre Jungen großzuziehen.

Im Staate Washington, USA, brütet der Wellenläufer *(Oceanodroma leucorhoa)* konkurrenzlos und folglich während einer verhältnismäßig langen Zeitspanne, die Anfang Mai beginnt und Ende Juli aufhört. In Britisch Kolumbien dagegen, wo er Brutplatz und Fischgründe mit dem Gabelschwanz-Wellenläufer *(Oceanodroma furcata)* teilen muß, wartet er mit dem Bezug der Brutstätte, bis sein Mitbewerber seine Brut aufgezogen hat, und beginnt mit seinem Brutgeschäft erst Mitte Juni. Im Norden Schottlands wiederum löst er das Konkurrenzproblem ganz anders. Hier brütet er zwischen Mai und Juni und vermeidet so Konkurrenz mit einem anderen Mitbewerber, der Sturmschwalbe *(Hydrobates pelagicus),* die erst später zur Fortpflanzung schreitet. Dort allerdings, wo die Sturmschwalbe keinen Nistplatzkonkurrenten hat, wie beispielsweise in Wales, brütet sie bereits Anfang Mai.

Die Zeit ist das eine, der Ort, an dem gleiche oder ähnliche Nischen genutzt werden, das andere ordnende Prinzip. Auffällig ist dieses Prinzip, vergleicht man nahverwandte Arten, die in Europa entweder das Tiefland oder die Gebirge bewohnen, wie etwa Schneehase und Feldhase, Ringdrossel und Amsel, Tannenhäher und Eichelhäher. Und dort, wo Nahverwandte schon im gleichen Lebensraum nebeneinander vorkommen, benutzen sie verschiedene Nischen und leben beispielsweise von unterschiedlicher Nahrung. Bei jagenden Arten zum Beispiel »paßt« die Größe der Beutetiere in etwa zu der Größe des Beutemachers, der sie ja überwältigen muß. So ist der Habicht größer als der nahe verwandte Sperber, der Wolf mächtiger als sein Vetter, der Fuchs, und der Luchs kräftiger als die Wildkatze.

Totale Konkurrenz kommt in einer Lebensgemeinschaft nicht oder zumindest nicht lange vor. Im Labor läßt sich das mit Kleinstlebewesen beweisen. Bewiesen haben es auch jene urtümlichen Säugetiere aus Süd- und Nordamerika, die Pyrotherien, Beutel-, Sternfuß- und Südhuftiere auf der einen, die Schliefer, Hasen, Raub-, Rüssel- und Huftiere auf der andern Seite. Beide Lager hatten ähnliche Rollenträger ausgebildet. Als vor zwei Millionen Jahren Nord- und Südamerika durch die Landbrücke von Panama miteinander verbunden wurden, wanderten Tiere von Süden nach Norden und umgekehrt. Doch Doppelgänger lebten nicht lange nebeneinander. Einer von beiden starb aus, meist der nicht »ortsansässige« (vgl. Kapitel 2: ›Gleiches Ökostück mit verschiedenen Darstellern‹).

Auch Haustiere oder Nutzpflanzen und ihre wildlebenden Ahnen beweisen, daß Lebensformen mit sehr ähnlichen ökologischen Nischen nicht koexistieren können: Das vom Menschen durch Zuchtwahl geschaffene und wegen seiner Zahmheit und Leistung bevorzugte, gegen Raubfeinde und Konkurrenten verteidigte Hausrind verdrängte den Ur, gleichermaßen wurde der Tarpan vom Hauspferd verdrängt. Ur und Tarpan sind heute ausgestorben und die Ahnen vieler anderer Haustiere vom Aussterben bedroht, wie etwa Wolf, Wildyak, Arnibüffel, Wildesel, -kamel, -ziege und -schaf. Nicht besser ergeht es den Wildformen vieler Nutzpflanzen wie Reis, Mais, Tomate oder Kartoffel. Und der Verdrängungsprozeß geht weiter: Bereits gibt es Rote Listen für bedrohte alte Haustierrassen und gefährdete oder gar schon verschollene Nutzpflanzensorten.

Auch durch die Jagd greift der Mensch beträchtlich in natürliche Konkurrenzverhältnisse ein. Überhegte Rotwild- und Rehbestände äsen mehr von ihren Futterpflanzen, als nachwächst. An deren Stellen breiten sich, weil Konkurrenz um Licht, Feuchtigkeit und Nährsalze fehlt, sogenannte Äsungsunkräuter aus; mehr noch: Dichte Rehbestände in überästen Gebieten müssen zwangsläufig ihre Futternische erweitern und verdrängen dann das ohnehin seltene Auerwild ganz (vgl. Kapitel 7: ›Wildtiere in der Kulturlandschaft‹). Elefanten können wie der Mensch die Umwelt gestalten, und es scheint, auf den ersten Blick, der Tierriese sei für andere, schwächere Bodenbewohner seiner Lebensgemeinschaft ein dominierender, alle andern einschränkender Konkurrent. Das Gegenteil ist der Fall: Wenn Elefanten drei oder vier Meter tiefe Zisternen graben, salzhaltige Gesteinsadern in Felsen freilegen, Straßen durch den dichten Dschungel trampeln und Bäume umstoßen, dann schränken sie ihre Konkurrenten nicht ein, sondern versorgen sie mit Wasserstellen, Salzlecken, Wechsel und Nahrung.

Ähnliches leisten auch die großen Raubkatzen, Löwe, Tiger oder Leopard. Sie reißen dermaßen große Beutetiere, daß deren Fleisch, Eingeweide, Haut und Knochen noch eine große Anzahl kleinerer und nichtjagender Fleischfresser mitversorgt, zum Beispiel Hyänen, Schakale, Schmeißfliegen oder Geier. Selbst diese aasfressenden Vögel haben sich ihre scheinbar enge Futternische konkurrenzvermeidend aufgeteilt: Der Gänsegeier mit dem langen nackten Hals hält sich vorwiegend an Eingeweide, der Kuttengeier an Muskelfleisch, der Bartgeier an Knochen und der kleinste der vier einst auch in Mitteleuropa beheimateten Geier, der Schmutzgeier, lebt von Resten und Insekten, die vom Aas angezogen werden.

Spezialisten und Generalisten

Ein Ausschnitt ihrer ökologischen Nische läßt sich bei vielen Tierarten verhältnismäßig leicht beobachten und gut mit Zahlen belegen: Das Nahrungsspektrum und die sogenannte Nahrungsnische, also die aufgenommene Nahrungsmenge. Deshalb ist es möglich, Futterspezialisten wie etwa den Kuckuck, der sich hauptsächlich von den Raupen bestimmter Schmetterlinge ernährt, von Generalisten, wie etwa Amsel oder Sperling, zu unterscheiden. Die Kenntnisse über Nahrungsnischen ermöglichen aber auch Berechnungen des sogenannten ökologischen Wirkungsgrads. Darunter versteht man die von einer Beute erzeugte Kalorienmenge, die ihren Feinden als Nahrung dient, gemessen an den von der Beute selbst als Nahrung aufgenommenen Kalorien. Mit andern Worten: Der ökologische Wirkungsgrad gibt ein Maß dafür, wieviel Prozent der von Büschen und Kräutern erwirtschafteten Energiemenge beispielsweise zu Rehen weiterfließt. Gleichermaßen kann mit diesem Wert ausgedrückt werden, wieviel Kalorien von allen Grünpflanzen einer Lebensgemeinschaft zu sämtlichen Pflanzenfressern und von diesen wiederum zu den Fleischfressern weiterfließt. Einer ökologischen Faustregel zufolge sind es jeweils rund 10 Prozent zwischen den einzelnen, sogenannten trophischen Ebenen. Die Kenntnis der Futternischen aller Mitglieder eines ökologischen Systems liefert aber schließlich auch wichtige Anhaltspunkte dafür, die Stabilität eines ökologischen Systems zu beschreiben, gewissermaßen abzuschätzen, wie lange es in einer bestimmten Artenvielfalt und Mannigfaltigkeit überlebt.

Verallgemeinernd kann man sagen: In einer nahrungsarmen Umwelt, etwa Wüste, Tundra oder Hochgebirge, darf eine Tierart keine allzu spezialisierten Nahrungsansprüche stellen. Die Aussicht auf Beute ist ja gering und folglich ist die Zeit, die zur Nahrungssuche gebraucht wird, sehr lang. Generalisten mit einem breiten Nahrungsspektrum, die unter einem möglichst geringen Aufwand ihren Nahrungsgewinn maximieren können, sind in einer nahrungsarmen Umwelt daher begünstigt. Da es sich nur wenige Tierarten überhaupt leisten können, in nahrungsarmer Umwelt zu leben, ist die Konkurrenz zwischen den Arten gering, die Überlappung der Nahrungsnischen groß, und jede Art wird versuchen, ihr Futterspektrum noch zu erweitern.

Ganz anders verhält es sich in einer nahrungsreichen Umwelt, etwa im tropischen Regenwald. Hier finden viele Tierarten ihr Auskommen, hier wird die Strategie des Nahrungsspezialisten begünstigt, hier engt Konkurrenz die Nahrungsnischen dauernd ein, was dazu führt, daß just in einer Lebensgemeinschaft, wo der Wettbewerb um Nahrung von vielen Mitbewerbern ausgefochten wird, die Überlappung der einzelnen Nischen gering ist.

Doch Theorie beiseite! Ein Beispiel macht es deutlich: Im Alpenraum kommen heute noch vier wildlebende Huftierarten, Steinbock, Gemse, Reh und Rothirsch, nebeneinander vor. Obwohl sich Hirsch und Gemse eher an Gräser, Steinbock und Reh eher an Kräuter halten, überschneiden sich die einzelnen Nahrungsspektren beträchtlich. Was die vier Wiederkäuer am deutlichsten voneinander unterscheidet, ist nicht, was sie äsen, sondern der Ort, an dem sie ihr Futter finden.

Ganz anders verhält es sich im Kernland der Wiederkäuer, in Afrika, wo reiches Futterangebot allein schon 75 verschiedenen rinderartigen Wiederkäuern das Überleben garantiert. Dort leben Nahrungsspezialisten: Hartebeest, Topi, Oryx und Bergriedbock, die nur frisches Gras fressen, Giraffe, Bongo, Großer und Kleiner Kudu, die sich ausschließlich vom Laub, von Trieben, Blüten und gelegentlich von Baumfrüchten ernähren, oder das Impala, das je nach Jahreszeit

Gräser oder das Laub von Büschen äst. Derartige Nahrungsspezialisten bilden auf den ostafrikanischen Grasländern riesige gemischte Herden. Nahrungskonkurrenz zwischen Arten kommt hier nur in geringem Maße vor, da ja jede von anderen Pflanzen oder Pflanzenteilen lebt. Der hundert- oder tausendköpfige Verband aus Zebras, Gnus, Gazellen und Giraffen birgt dagegen noch ganz andere Vorteile: Die Möglichkeit zur Weitergabe von Wandertraditionen beispielsweise oder die Feinderkennung. Viele Augenpaare, Ohren und Nüstern erkennen Löwe, Leopard oder Gepard eher als wenige. Und feindverwirrende Massenflucht verunsichert den Jäger.

Spezialisierung ermöglicht also die Kooperation zwischen Arten. Sie kann sogar dazu führen, daß sich die vermeintlichen Nahrungskonkurrenten die Futterbeschaffung noch erleichtern, wie zum Beispiel Thomsongazelle, Gnu und Zebra, drei Arten, die ausgesprochen häufig miteinander auftreten. Auf ihren gemeinsamen Jahreswanderungen erscheinen auf einer neuen Weidefläche zuerst die Zebras. Sie fressen vor allem die Stengel hochstehender Gräser. Dann folgen die Gnus. Sie bevorzugen die Blätter von Gräsern mit mittlerer Wuchshöhe. Und schließlich treffen die Thomsongazellen ein, welche von bodennahen Kräutern leben. Die erste »Schicht« auf der Weide erschließt durch Abweiden und Niedertrampeln jeweils die Nahrungsquelle der folgenden.

Um derartige Kooperation zwischen scheinbaren Konkurrenten zu erkennen, genügen übrigens schon Beobachtungen an einheimischen Vögeln, Insektenfressern zum Beispiel, die ihre Nahrung an Bäumen suchen. Spechte hämmern sie aus Holz und Rinde. Kleiber und Baumläufer picken sie aus Borkenspalten. Meisen klauben sie aus dem Blattwerk und Fliegenschnäpper erbeuten sie im Flug. Selbstverständlich ließe sich die Aufteilung verfeinern, nach Regionen, Baumarten und sogar der Höhe über dem Boden, in der die einzelnen Arten bestmögliche Beute machen.

Jeder Waldtyp und jede Baum- und Strauchart hat eine ganz typische Gilde von insektenjagenden Vögeln, die sich übrigens nicht in erster Linie durch die Beutearten unterscheiden, sondern durch Jagdrevier und Strategie. Das gilt ebenso in den noch bewaldeten Tälern des westlichen Himalaja wie in der südafrikanischen Macchia, im kalifornischen Chaparall ebenso wie im chilenischen Matorral, obwohl die an der Insektenjagd beteiligten Arten ganz unterschiedlich sein können und obwohl etwa die Avifaunen in Nord- und Südamerika verschiedenen Ursprungs sind. Dennoch sehen sich die einzelnen Spezialisten äußerlich sehr ähnlich, wie auch Art und Weise, in der sich die jeweilige Gilde der Insektenjäger ihre Ressourcen aufteilt. Häufig erscheinen die verschiedenen Talente miteinander zur selben Zeit am selben Baum. In Europa und Asien sind es etwa ein Specht, zwei oder drei Baumläufer oder Kleiber, und je etwa 5 Meisen und Fliegenschnäpper. (Nur nebenbei: Gleiches läßt sich am Futterbrett vor dem Fenster im Winter beobachten: Meist kommen Spatzen, Amsel und Dompfaff, Meisen, Buch- und Bergfink zur selben Zeit zum Körnerklau.) Verschiebung im gemischten Verband bringt, wie bei den Huftieren auf der afrikanischen Savanne, Vorteile in der Feindvermeidung. Bei den nach Insekten jagenden Vögeln bringt es noch mehr: erfolgreichere Beutejagd. Entwischt etwa dem Kleiber ein Insekt und versucht, sich im Laub zu verstecken, so klaubt es hier sofort die Meise mit ihrem Pinzettenschnabel auf. Und alle jene Kerfen, die, vor Schreck vom feindbefallenen Baum wegfliegend, das Weite suchen wollen, fangen die Fliegenschnäpper aus der Luft. Kurz: Zusammenarbeit in einer Gilde aus verschiedenen Talenten erhöht den Erfolg und verkürzt damit die Zeit der Nahrungssuche.

Dieses Prinzip gilt übrigens auch für Systeme im Wasser, und es trifft für gemischte Pflanzenfresser-Gesellschaften ebenso zu wie für jagende Gilden. Ermöglicht wird es durch reichlich vorhandene Nahrungsressourcen, die hochspezialisierte Nutzung durch einzelne Arten erlauben. Anders ausgedrückt: Vielfalt von Nahrungsproduzenten erzeugt wiederum Vielfalt unter den Nahrungskonsumenten. So werden die Ressourcen optimal genutzt und wenig Energie und Nährstoffe gehen verloren.

Das scheint banal wie auch die Aussage: »Vielfalt erzeugt Stabilität.« Sie ist jedoch sicher nicht allgemein gültig. Für moderne landwirtschaftliche Systeme trifft sie zu, und sie stimmt für den Vergleich zwischen jungen und reifen Stufen einer sich natürlich verändernden Lebensgemeinschaft. Im Vergleich zwischen verschiedenen Lebensgemeinschaften erweist sie sich jedoch meist als unzutreffend. Warum dem so ist, soll jetzt erläutert werden.

Mannigfaltigkeit und Stabilität – nichts ist garantiert

Je stabiler ein ökologisches System ist, desto weniger schwanken zahlenmäßig die Bestände der in ihm vorkommenden Arten, und um so mehr besitzen sie die Fähigkeit, sich nach Störungen rasch zu erholen, oder ganz einfach ausgedrückt: Je stabiler ein ökologisches System ist, desto länger lebt es in der bestehenden Form. Nach traditioneller ökologischer Weisheit wächst diese Stabilität mit zunehmender Artenvielfalt. Artenvielfalt allein sagt aber, wie im folgenden Beispiel gezeigt wird, wenig aus. Von Bedeutung sind auch Mannigfaltigkeit und die Rollen, welche die einzelnen Arten im System spielen. Angenommen, ein Fuchsbestand lebt von zehn Beutearten. Weiter angenommen, eine davon ist sehr häufig, die anderen neun dagegen sind selten. In diesem Fall reguliert praktisch die eine, häufige Art den Fuchsbestand. Nimmt sie aus irgendeinem Grund ab, dann sinkt auch unverzüglich der Bestand an Füchsen. Ganz anders verläuft die Bestandsentwicklung des Fuchses, wenn alle zehn Beutearten etwa gleich häufig sind. Wird eine davon plötzlich seltener, so schalten die Füchse gewissermaßen aus Bequemlichkeit unverzüglich auf die anderen um. Stabilität ist in diesem System eher möglich. Es hat, verglichen mit dem ersten System, zwar gleiche Artenvielfalt, aber größere Mannigfaltigkeit.

Soweit stimmt also die These »Vielfalt erzeugt Stabilität«. Sie wurde von Wissenschaftlern zuweilen sogar in den Rang eines mathematischen Theorems erhoben. Doch Computermodelle beweisen das Gegenteil, nämlich »daß komplexe Systeme niemals stabiler sind als einfache, meist sind sie sogar instabiler«, so Robert M. May, einer der führenden Ökologen aus den USA. Warum dem so ist, läßt sich auch ohne kompliziertes Rechnen folgern. Stabilität hängt nämlich auch von den Rollen ab, die jede einzelne Art im ökologischen System spielt. In einer Lebensgemeinschaft, in der Generalisten verhältnismäßig häufig, Spezialisten dagegen selten sind, kann eine Störung leichter aufgefangen werden, als in einem System, in dem Spezialisten überwiegen. Dies ist ganz einfach deshalb so, weil Generalisten rasch von einer auf die andere Nahrung umschalten können und dadurch vorübergehend seltene Mitglieder des Systems verschonen. Doch jetzt beginnt die These »Vielfalt erzeugt Stabilität« zu wakkeln. Denn Generalisten sind, wie schon erwähnt, typisch für artenarme Systeme, Spezialisten dagegen für artenreiche. So betrachtet, sind es just die scheinbar einfachen, artenarmen Systeme, welche Störungen am besten zu widerstehen vermögen.

Den Beweis liefern etwa die vom Menschen in jüngster Zeit stark in Mitleidenschaft gezogenen komplexen Systeme der Tropen und Subtropen. Sie sind noch viel weniger imstande, unserem Ansturm zu widerstehen, als die vergleichsweise einfachen Systeme der gemäßigten Breiten. Im tropischen Regenwald, wo symbiotische Beziehungen zwischen hochspezialisierten Arten häufiger sind als sonstwo, löst der Ausfall einer oder weniger Arten, ganze Lawinen des Artenschwunds aus. So verschwanden etwa im Urwaldreservat von Barro Colorado, Panama, wenigstens 18 bodenbrütende Vogelarten und viele Pflanzen, deren Früchte diese Vögel fraßen, und deren Samen sie anschließend verbreiteten. Dies lag lediglich daran, daß plötzlich Jaguar, Puma und große Greife fehlten, und sich infolgedessen Halsbandpekaris und Nasenbären stark vermehrten, die bald das letzte erreichbare Vogelnest geplündert hatten. Stürbe dagegen im Norden Kanadas der Luchs aus, so hätte dies vermutlich auf andere Arten keinen nennenswerten Einfluß. Denn Schneeschuh-Hase und Lemming, seine Beute, werden durch extreme Wetterlaunen reguliert und nicht durch den Widersacher Luchs.

Derartige Betrachtungen und Beobachtungen kehren die naive, gut gemeinte Vorstellung von der Vielfalt, die Stabilität erzeuge, ins Gegenteil um: Es sind nicht die artenreichen, mannigfaltigen Lebensgemeinschaften, die äußerem Druck am besten widerstehen, sondern die einfachen, artenarmen. Der tropische Regenwald und das Korallenriff bedürfen des Naturschutzes demnach noch viel mehr als die arktische Tundra oder der Schilfgürtel.

In der bisherigen Argumentation wurden landwirtschaftliche Systeme und die verschiedenen Altersstufen einer heranwachsenden Lebensgemeinschaft ausgeklammert. Die riesigen Monokulturen unserer Produktionssteppen sind wesentlich instabiler als die Mischkulturen der Biobauern, und sie bestehen nur dank der intensiven Pflege durch den Menschen. Ohne ihn würden Mais, Kartoffeln oder Getreide in Reinsaat sofort von Widersachern bedroht, von Ackerkräutern bedrängt und bald einmal verschwinden. Die Instabilität solcher künstlicher Monokulturen beruht aber wiederum, so läßt sich zumindest vermuten, nicht oder nicht nur auf ihrer geringen Artenvielfalt und bescheidenen Mannigfaltigkeit, sondern darauf, daß Agrarsysteme meist sehr jung sind, und sich keine Koevolution zwischen Nutzpflanzen einerseits, Schädlingen und Krankheitserregern andererseits abgespielt hat. Kurz, Nutzpflanzen und ihre Widersacher können (noch) nicht miteinander kooperieren. Eine Anzahl uralter, naturnaher »Monokulturen« mit verhältnismäßig wenigen Arten erweist sich dagegen als äußerst robust, etwa Weidelandschaften wie die Heiden und Almen. Vergleicht man dagegen Schuttflur mit Bergwald, Verlandungszone mit Auwald oder ganz allgemein junge mit reifen Stadien im Alterungsprozeß einer Lebensgemeinschaft, dann hat die Regel »Vielfalt erzeugt Stabilität« plötzlich Gültigkeit. Junge Stadien sind tatsächlich artenärmer und instabiler als ältere, sonst könnte der Wald die Lichtung nie erobern.

6. Sukzessionen

Krakatau – Ein Vulkanausbruch leitet Experimente ein

Lebensgemeinschaften – Wälder, Steppen oder Korallenriffe etwa – haben eins mit jedem einzelnen ihrer Mitglieder gemeinsam: Wie Eiche, Zebra oder Rotfeuerfisch werden sie einmal »geboren« und »sterben« früher oder später. Dabei durchlaufen sie ganz unterschiedliche Lebensabschnitte, sogenannte Sukzessionsstufen. Der junge Laubwald auf der Lichtung zum Beispiel wächst rasch heran. In seiner Reife dagegen – der sogenannten Klimax – wirkt er behäbig und versucht, das Erreichte unter dichtem Kronendach starker Bäume gegen Sturm, Trockenheit, Schnee und Frost zu schützen.

Ähnlich wie die Gesamtheit jener hochspezialisierten Zellen, die in jedem höher organisierten Lebewesen Organe bilden, verhalten sich bestimmte Mitglieder der Lebensgemeinschaft: Grüne Pflanzen zum Beispiel versorgen das gesamte System mit umgewandelter Sonnenenergie und Sauerstoff. Bestimmte Bakterien und Pilze wiederum fangen Luftstickstoff ein und düngen es mit Nitraten. Ein Riesenheer von Kleinstorganismen wirkt gewissermaßen als Filter der Gemeinschaft: Es lebt von Abfällen; seine Ausscheidungsprodukte dienen den Grünpflanzen als Aufbaustoffe. Mehr noch, ebenso wie in jedem Einzelorganismus, der das Zusammenspiel von Zellen und Organen durch Hormone und in manchen Fällen durch Nervenimpulse steuert, fließen auch in Lebensgemeinschaften Informationen: Bestimmte Laute, Düfte, Farben oder Formen garantieren den Zusammenhalt von Artgenossen. Wirkstoffe und Signale führen bestäubende Insekten zur Blüte, samenaustragende Vögel zur reifen Frucht oder Borkenkäfer zur geschwächten Fichte. Andere Informationsträger wiederum wirken gegensinnig: Sie schrecken Rivalen, Konkurrenten und Widersacher ab. Doch während Flut, Dürre, Lawine oder Bergsturz jede Pflanze und jedes Tier unbarmherzig töten, leiten Katastrophen meist lediglich eine Verjüngung der Lebensgemeinschaft ein. Dazu ein klassisches Beispiel.

An einem Augustmorgen des Jahres 1883 zerriß eine Vulkaneruption die Insel Krakatau zwischen Java und Sumatra. Glühende Lava und Aschenregen versengten und erstickten alles Leben. Das Eiland blieb nicht ganz zwei Jahre lang steril, dann siedelten sich bereits wieder windverfrachtete Algen, Moose und Farne an. Bald keimten auch leichtgewichtige Samen von Kräutern wie Emilia oder Wedelia. Die Meeresbrandung warf gelegentlich schwimmende Samen des Callophyllum-Baumes an Land. Diejenigen des Tournefortia-Busches und des Ipomoea-Krautes reisten, sicher verborgen in Abfällen, übers Meer zur Insel. Bereits drei Jahre nach der Katastrophe hatten sich 26 Arten höherer Blütenpflanzen angesiedelt. Jetzt verdichtete sich auch der Bestand des wilden Zukkerrohrs. Und sogar Orchideen fanden die ihnen zusagenden Lebensräume. Am Strand wuchs ein Wald aus Kokospalmen, Barringtonia- und Sasuarina-Bäumen auf. Gelegentlich besuchten Vögel das Eiland und ließen sich nieder, als sie im Jungwuchs Schutz, Futter und Nistgelegenheit fanden. In ihren Mägen trugen sie etwa die Samen der Feigenbäume nach Krakatau. Andere Samen und Kleinsttiere reisten als blinde Passagiere in ihrem Gefieder. Schließlich eroberten gute Schwimmer wie etwa Python und Waran die Insel. Fünfzig Jahre nach dem Vulkanausbruch lebten im dichten, jungen Wald wieder 1200 Tierarten.

Lebensgemeinschaften können die sie verjüngenden Naturkatastrophen gelegentlich selbst provozieren. Der Chaparral – der kleinwüchsige Wald in den Trockengebieten Kaliforniens – jedenfalls scheint seine periodische Zerstörung durch Feuer geradezu selbst eingeplant zu haben. In älteren Baum- und Buschbeständen häuft sich nämlich mehr Bodenstreu an als durch Kleinstlebewesen während des langen, trockenen Sommers abgebaut werden kann. Im Boden sammeln sich Antibiotika, die von den Holzpflanzen selbst produziert werden. Diese Wirkstoffe verhindern jedes weitere Pflanzenwachstum. Früher oder später entzündet ein Blitzschlag den dürren Chaparral. Die hemmenden Antibiotika werden vom Feuer neutralisiert, der Abfall mineralisiert und Bäume wie Büsche dem Erdboden gleichgemacht. Weil im Chaparral die Wurzeln feuerresistent sind und die Samen vieler seiner Pflanzen am besten nach einem Feuerschock keimen, beginnt die Lebensgemeinschaft unmittelbar nach der Katastrophe wiederum zu wachsen.

Feuer ist ein weltweit verbreiteter, natürlicher Erneuerer von Lebensgemeinschaften, in der Taiga (dem nördlichen Nadelwaldgürtel) ebenso wie in der afrikanischen Savanne und ganz besonders im 90 Miles Desert, der australischen Heidelandschaft. Wie stark diese Lebensgemeinschaft von regelmäßigen Bränden abhängt, zeigt allein schon der Hakea-Busch: Seine Früchte öffnen sich an der lebenden Pflanze überhaupt nicht. Hält man dagegen einen Ast mit alten, holzigen, geschlossenen Früchten etwa zehn Minuten lang in einen brennenden Scheiterhaufen, so springen sie kurz nach dem Schock auf. Die beiden geflügelten Samen, die jede von ihnen enthält, werden Stunden später vom Winde abgelöst und können dann auf der inzwischen erkalteten Asche ein Keimbett finden.

Daß Feuer nicht nur zerstört, sondern auch erneuert, merkten die Naturschutzbehörden von Kalifornien erst, nachdem sie in neugeschaffenen Reservaten konsequent Brände bekämpft hatten: Die gelegentlich über 100 Meter hohen Mammutbäume und Sequoien vermehrten sich nicht mehr, weil sich ihre Sämlinge, falls überhaupt, nur auf Brandflächen entwickeln. Noch besser, so wird vermutet, entwickelten sie sich einst auf den jungen Eiszeitmoränen. Und damit drängt sich eine wahrhaftig phantastische Vorstellung auf: Die ehrwürdigen Nadelbäume warten gemütlich auf die nächste Eiszeit, jene Katastrophe, die ihre Lebensgemeinschaft erneuern wird. Denkbar ist dies wegen ihrer frost- und feuerharten Samen, aber auch wegen des biblischen Alters von Tausenden von Jahren, das Einzelbäume erreichen können.

Am anderen Ende einer Skala der Zeitdauer zwischen zwei erneuernden Katastrophen wären etwa die Gesellschaft der Ackerunkräuter und die flußbegleitenden Pflanzendecken zu finden. Sie sind an das jährliche Pflügen oder an die jährlichen Frühjahrshochwässer bestens adaptiert. Noch extremer verhalten sich die Darmbakterien; ihre Gesellschaft ist hervorragend an eine alle 24 Stunden widerkehrende Störung angepaßt.

Das erste Lebewesen, das neun Monate nach der fürchterlichen Vulkankatastrophe auf der Insel Krakatau entdeckt wurde, war eine kleine Spinne. An einem feinen, selbstgesponnenen Faden war sie, die federleichte Fracht, von einer der 16 bis 40 Kilometer entfernten Nachbarinseln nach Krakatau getragen worden. Dort baute sie ihr Radnetz – vergeblich, denn Beutetiere fehlten ja noch zu diesem Zeitpunkt. Die kleine Spinne verhungerte. Sie war nichts als todgeweihtes Treibgut wie Abertausende von andern Lebewesen auch, die irgendwie nach Krakatau gelangten. Eroberung von Neuland hängt eben nicht nur von »Reisegelegenheiten« ab, sondern vor allem von der Fähigkeit, mit dem Vorgefundenen leben zu können. Anders ausgedrückt: Wer von den Neuankömmlingen wirklich bestehen kann, wird von der bereits etablierten Gesellschaft bestimmt: Beutegreifer, wie die kleine Spinne, fassen erst nach ihrer Beute Fuß, und diese erst nach ihren Futterpflanzen. Derartig Triviales sollte eigentlich jeder Besitzer eines künstlichen Gartenweihers wissen. Meist schon kurz nach dessen Fertigstellung und häufig zum Leidwesen des Teichbauers breiten sich nämlich als erstes und unübersehbar die allgegenwärtigen Grünalgen aus. Ihre Konsumenten, die pflanzen- und abfallfressenden Bakterien, Protozoen, Nematoden, Ruderfuß- und Flohkrebse, sind zwar ebenfalls früh am Teich ansässig. Sie werden etwa durch Vögel und Insekten dorthin verfrachtet. Ihre Vermehrung beginnt logischerweise jedoch später als diejenige der Algen. Ob nun aber durch sie der lästige Algenfilz auf ein erträgliches Maß beschränkt wird, wird vor allem vom Nährstoffgehalt des Wassers bestimmt, gewissermaßen vom »Kredit« der unbelebten Umwelt an die heranwachsende Lebensgemeinschaft. Ist er hoch, so ist auch die Biomasse, das Gesamtgewicht aller Lebewesen, hoch. Es leben dann so viele Wasserwinzlinge im Teich, daß sich die grüne Algenbrühe mit der Zeit lediglich zur gelblichen Algen-Algenfresser-Brühe verfärbt. In einem nährstoffarmen Teich dagegen (Regen- statt Leitungswasser; Sand und nicht Erde als Bodengrund) ist der Nährstoffkredit rasch aufgebraucht und in ein bescheidenes »Kapital« – die Biomasse – investiert. Der Algenbesatz wirkt hier nicht störend. Hat die Lebensgemeinschaft im Teichwasser den Nährstoffkredit des Wassers aufgebraucht, dann hängt ihr Überleben lediglich von der Menge der eigenen Abfälle ab und der Fähigkeit, diese zu nutzen. Von diesem Moment an wächst die Biomasse nicht mehr.

Was sich bei günstigen Bedingungen im Teich innerhalb von 100 Tagen abspielt, verläuft auf dem Vorfeld eines zurückweichenden Gletschers in einem Zeitraum von 100 oder mehr Jahren. Und da sich dabei die Mitglieder einzelner Lebensabschnitte der Gemeinschaft auffallend abwechseln, lassen sich einzelne Sukzessionsstadien leicht erkennen: Unter den höheren Pflanzen erscheinen zuerst etwa Sauerampfer, Weidenröschen und Alpenrispengras. Kurz danach durchspinnen die Wurzeln von Stiefmütterchen, Täschelkraut, Glokkenblumen und Alpenmohn das Geröll. Ihre Blüten und Blätter schwimmen gewissermaßen auf dem rutschigen Grund. Die rauhe Umwelt wartet aber noch mit anderen Widerwärtigkeiten auf: mit Hitze und Kälte, Trockenheit und Schmelzwasserfluten. Die zarten Pioniere überlisten sie gewissermaßen im Eiltempo: Wer während des kurzen Bergsommers schnell wächst, früh blüht, rasch viele Samen dem Wind überläßt und dann stirbt, braucht nicht so viele der ohnehin seltenen Nährstoffe für Schutzmechanismen und Vorräte zu investieren wie die langlebigen Holzpflanzen. Deren Zeit kommt rund ein Vierteljahrhundert später. Jetzt haben nämlich die lichthungrigen Erstbesiedler einen dichten Teppich über das Geröll gelegt. Der Wettstreit um Licht beginnt. Langlebige Holzpflanzen werden ihn gewinnen, weil sie beim ersten wärmenden Sonnenstrahl im Frühjahr lediglich ihre Knospen öffnen müssen. Ihr Blätterdach überschattet und verdrängt damit bald einmal die kurzlebigen Pioniere.

Zu diesem Zeitpunkt haben sich die Lebensbedingungen auch sonst verändert: Wo weder Wind noch Wasser die Streu aus toten Pflanzenteilen abtragen können, wächst langsam eine Humusschicht, gewissermaßen eine »Bank« hochwertiger Nährstoffe, die von früheren Pflanzengenerationen erwirtschaftet wurde. Erlen zum Beispiel versorgen das System jetzt noch mit Nitraten dank stickstoffbindender Wurzelbakterien. Nach wenigstens 100 Jahren hat ein reifer Bergwald das Gletschervorfeld erobert. Seine Biomasse wächst nicht mehr, weil Raum und/oder Nährstoffressourcen erschöpft sind.

Übrigens wächst im Laufe einer Waldsukzession nicht nur die Biomasse der Pflanzen. In den heranwachsenden Eichen-Hainbuchen-Wäldern von Burgund zum Beispiel ist die Biomasse der Brutvögel in reifen Stadien doppelt so hoch wie in jungen. Auf Jungwuchsflächen brüten hier lediglich Drosseln, Grasmücken, Laubsänger und Finkenvögel. In den nachfolgenden 200 Jahren, die der Wald zur Reifung braucht, gesellen sich Star, Baumläufer, Kleiber, Spechte und Meisen hinzu, kurz: Die Artenvielfalt steigt. Das fanden auch Ökologen der Universität von Illinois, die 40 Jahre lang ein unbearbeitetes Ackerfeld, das verwaldete, beobachteten. Im ersten Jahr fanden sie 35 Arten von Gräsern und Kräutern. Lediglich 3 davon waren so häufig, daß sie 10 oder mehr Prozent der Ackerfläche bedeckten. Die andern dagegen waren eher selten. Die Lebensgemeinschaft hatte demnach anfänglich eine geringe Diversität. 40 Jahre später war die Diversität dagegen hoch: Von insgesamt 76 vorgefundenen Pflanzenarten (23 Bäume, 18 Büsche und 35 aus der Krautschicht) waren nur 8 entweder auffallend häufig oder sehr selten.

Die Diversität einer reifenden Gesellschaft steigt, weil die Vielfalt an Arten neue Lebensbedingungen schafft. Das System beginnt sich selbst zu regulieren: Langlebige Holzpflanzen, die Wind und Wetter trotzen, bestimmen das Klima der Lebensgemeinschaft mit. Dem Regenwald etwa gelingt es – ungeachtet Sturm, Mittagshitze oder Nachtkälte –, in seinem Innern ein nahezu konstantes Klima von 29 Wärmegraden und 96 Prozent Luftfeuchtigkeit aufrecht zu erhalten.

Ewig junge und reife Lebensgemeinschaften

Wissenschaftliche Theorie verleitet zur Prognose, häufig zur falschen. So ist es auch mit der Lehre von den Sukzessionen. Zwar verlaufen die Abfolgen einzelner Lebensabschnitte einer Gesellschaft gerichtet, nämlich von artenarmen, produktiven Gemeinschaften aus meist kurzlebigen Arten zu artenreichen, eher protektiven Systemen, in denen viele langlebige Arten vorkommen.

Es ist aber selten möglich zu prognostizieren, welche Klimax schließlich erreicht wird, denn dafür stehen meist mehrere Möglichkeiten zur Verfügung. Aus einem allmählich verlandenden Stillgewässer kann schließlich ein Erlenbruchwald oder ein Hochmoor werden, ein Flachmoor oder eine harte Au, in der die Eiche vorherrscht. Bestimmt wird dies vom jeweiligen Grundwasserspiegel, also einer Größe der unbelebten Umwelt, die das lebendige System nicht mitbestimmen kann. Sinkt der Grundwasserspiegel, so wird schließlich Wald aufkommen. Bleibt er dagegen hoch oder steigt sogar an, so wächst schließlich ein Moor.

Eine weitere Fehlerquelle in der Prognostizierung der Sukzessionen ist der Zufall. Sukzessionen werden oft vereinfachend als ein Vorgang beschrieben, bei dem sich eine Lebensgemeinschaft nach kurzzeitiger Störung allmählich ihrem Ausgangszustand nähert. Ein bekanntes Beispiel dafür ist die von Sturm oder Menschenhand geschlagene und später vom Wald zurückeroberte Lichtung. Solche regenerativen Änderungen einer Gesellschaft wurden 1916 von F. E. Clements, dem ersten Wissenschaftler, der sich mit dem Phänomen der Sukzessionen auseinandersetzte, interpretiert analog der Genesung eines Organismus von einer Krankheit oder Verletzung.

Eine Waldlichtung schließt sich in der Regel rasch. Ist sie klein, so entspricht später die Zusammensetzung der darauf wachsenden Baumarten eher dem umgebenden Wald, als wenn die Lichtung groß ist. Im zweiten Fall steigt nämlich die Wahrscheinlichkeit, daß ein an und für sich seltener Baum an ihrem Rande steht. Sendet dieser zufällig als erster im günstigen Moment seine Samen aus, so werden seine Nachkommen die sich schließende Lichtung dominieren. Ein Zufallsereignis verändert somit, was die Artenhäufigkeit anbelangt, die heranwachsende Gemeinschaft.

Eine dritte Fehlinterpretation der Sukzessionslehre nimmt an, daß jede Lebensgemeinschaft altert. Dem ist nicht so, denn viele Lebensgemeinschaften verändern sich kaum oder überhaupt nicht, bleiben »ewig jung« und produktiv, etwa die Savannen Ostafrikas oder die Reiskulturen Asiens. In beiden Fällen halten bestimmte Mitglieder die Gemeinschaft davon ab, zu altern: Elefanten, Giraffen und andere Huftiere halten Büsche und Bäume kurz und verhindern die Verwaldung. Reisbauern bekämpfen die sonst rasch um sich greifende Artenvielfalt, indem sie Widersacher und Konkurrenten der Reispflanze vernichten.

Grundnahrungsmittel des Menschen und seiner Haustiere, Reis, Mais, Getreide, sowie die meisten Gemüsepflanzen, sind einjährig, wachsen rasch und tragen viele Samen. Damit entsprechen sie gewissermaßen Pionierpflanzen auf natürlichen Sukzessionen. Ihre schon an und für sich hohe Produktionsfähigkeit wird im Agrarsystem durch Nährstoffe, die von außen zugeführt werden, noch erhöht. Systemfremde Nährstoffe düngen auch die Lebensgemeinschaften in Flußmündungen, in den Gezeitenzonen (etwa dem Watt) oder in Sumpfniederungen (etwa den Everglades von Florida). Der Spiegel des Nährstoffe herantragenden Wassers schwankt dort täglich oder jahreszeitlich. Damit werden diese Lebensgemeinschaften dauernd in einem hoch produktiven, frühen Sukzessionstadium gehalten. Begreiflicherweise gehören deshalb Küsten, Ufer und Mündungsgebiete zu den produktivsten natürlichen Lebensgemeinschaften überhaupt. Sie geben übrigens auch laufend Energie und Nährstoffe an benachbarte ältere Systeme ab, etwa an die Lebensgemeinschaften des offenen Meeres und seiner Tiefenzonen oder die der Küsten.

In ähnlicher Weise versorgen auch die Lichtungen im tropischen Regenwald Bewohner des schier endlos scheinenden Meeres aus turmhohen Bäumen mit Nahrung: Baumbewohnende Vögel und Affen finden hier Ersatzdiät, wenn reife Früchte fehlen. Schwere, bodenlebende Säugetiere wie Elefant, Nashorn, Tapir, Wildrind oder Hirsch finden im Hochwald unter dem licht- und wasserhungrigen Laubdach nicht soviel Unterwuchs wie auf der Lichtung. Hier können sie den Nahrungserwerb »optimieren«. Das hohe Angebot auf kleinem Raum verkürzt die Freßzeit und bietet Auswahlmöglichkeit. Mehr noch, Pflanzen, die auf jungen Lichtungen wachsen, sind aus einem einfachen Grund bekömmlicher: sie sind Pioniere, die rasch wachsen. Quantität bedeutet ihnen mehr als Qualität. Sie investieren ihre Nährstoffe nicht in die Ausbildung von Abwehrmechanismen, lederartige Blätter oder Giftstoffe zum Beispiel. Die Hauptnahrung der Asiatischen Elefanten in Sri Lanka und Südindien besteht aus Gräsern wie Chloris, Eragrostis oder Cynadon, aus Bambus und wilden Bananen. Auch wenn sie Laub, Zweige oder Rinde fressen, halten sie sich bevorzugt an Mitglieder früher Stadien, an Büsche wie Securinega, Randia und Dichrostachys, an Bäume wie Manilkara, Feronia, Aglaia und Maba. Sie meiden aber heranwachsende Hochwaldbäume wie Glycosemis, Polyanthia oder Mallotus. Das selektive Freßverhalten der Elefanten wirkt demnach gegen Mitglieder junger und zugunsten der Mitglieder älterer Sukzessionsstadien. Elefanten und andere Pflanzenfresser des Dschungels beschleunigen aber auch sonst den Sukzessionsverlauf auf der Lichtung. Sie tragen unverdaubare Samen von Früchten wie etwa Mango, Durian oder Brotfrucht, die sie im Hochwald fressen, auf Lichtungen, wo sie den Hauptteil ihrer Nahrung finden, und lassen sie dort in ihrem Kot, wohlversehen mit Dünger, fallen.

Noch »zielgerichteter« kurbeln Tiere, die Vorratswirtschaft betreiben, den Verlauf von Sukzessionen an. So versteckt etwa der Tannenhäher im Bergwald eingesammelte Arvennüßchen bevorzugt auf Lichtungen an Südhängen. Hier, fernab der Spenderpflanze, macht ihm kein Nahrungskonkurrent die im Boden eingegrabenen Leckerbissen streitig. Hier rutscht im Winter der Schnee rasch ab oder schmilzt, liegt also nie lange hoch, was wiederum das Ausgraben des Depots erleichtert. Verzichtet der Vogel auf die versteckte Nahrung oder vergißt sie sogar, so haben auch die Samen einen Vorteil: Auf Lichtungen keimen sie besser. Die Schößlinge wachsen hier auch schneller auf.

Zwischen Tannenhäher und Arve hat sich so im Laufe der Zeit eine Symbiose, ein Zusammenwirken von zwei Arten zu gegenseitigem Nutzen entwickelt. Pflanzen, die reifen Sukzessionsstadien angehören, sind nach den Erfahrungen der Ökologen ausgesprochen häufig Partner von Symbiosen, wie im folgenden Abschnitt am Beispiel des ältesten Landökosystems, des tropischen Regenwaldes, gezeigt wird.

Das Zusammenwirken von Arten beruht auf Informationen, gewissermaßen auf ökologischer Software. So »weiß« etwa der fruchtfressende Vogel, was ihm schmeckt und bekömmlich ist, und wo er es findet. Die auf tierische Verbreitung angewiesene Pflanze »kennt« ihrerseits die Sinnesleistungen des Vogels und bildet dementsprechend Form, Farbe, Duft und Geschmack ihrer Früchte aus. Doch nicht nur Symbiosepartner tauschen Informationen aus. Räuber unterscheiden zwischen harmloser und gefährlicher Beute. Diese hält den Widersacher mit Warnsignalen, ungenießbaren oder gar giftigen Ausscheidungen auf Distanz.

Träger solcher und ähnlicher ökologischer Informationen sind häufig biochemische Wirkstoffe. Viele natürliche Wirkstoffe liefern dem Menschen seit jeher Medikamente und Gifte, Gewürze, Aufputsch- und Beruhigungsmittel. Und nicht von ungefähr stammen viele der wertvollsten, wie etwa Chinarinde, Kampfer, Pfeffer, Nelken, Vanille, Kaffee, schwarzer Tee oder Kurare, aus dem tropischen Regenwald, denn kein anderes Landökosystem produziert dermaßen reiche biologische Information wie er.

Warum dem so ist – ja sein muß – liegt auf der Hand: Die Biomasse des reifen Regenwaldes – gewissermaßen seine ökologische Hardware – kann nicht mehr wachsen. Raum, Licht und Wasser sind bestmöglich genutzt und die vom Boden zur Verfügung gestellten Nährstoffe längst aufgebraucht und in Lebewesen investiert. Das beweisen die unheimlichen, großflächigen Rodungen der letzten Jahrzehnte, denen Bäume, Orchideen, Vögel oder Termiten gleichermaßen zum Opfer fallen. Sie lassen lediglich unfruchtbare, rasch verkarstende Böden zurück.

Im Regenwald, wo Nährstoffe, Licht und Wasser nicht so frei verfügbar sind wie etwa auf dem humusreichen Frühbeet im Garten, im dichten Gewirr der Arten, wo zudem, jahraus jahrein, ideale Wärmebedingungen Lebensvorgänge noch beschleunigen, muß jedes Lebewesen direkt auf Kosten anderer leben, nämlich als angelockter Symbiont zum gegenseitigen Vorteil, als bekämpfter Widersacher zum eigenen Nachteil, möglicherweise auch als blitzschnell agierender Aas- oder Totholzfresser. Informationen spielen in jedem Fall eine wichtige Rolle.

Auch bei jenen symbiontisch lebenden Mykorrhizapilzen, die von ihren Wirtsbäumen mit Zucker versorgt werden, sind die ökologischen Informationen von großer Bedeutung. Seine Pilzfäden merken sofort, wenn in der Nähe tote Pflanzenteile am Boden liegen, wachsen rasch dorthin, zapfen das Abgestorbene an und führen organische Nährstoffe davon ihrem Wirt zu. Diese Abfälle brauchen dabei – ganz anders als in Ökosystemen der gemäßigten Zonen – gar nicht erst mineralisiert zu werden. Mit diesem abgekürzten Recycling-Verfahren können freigewordene Nährstoffe der Lebensgemeinschaft fast über Nacht wieder zugeführt werden. Feinste ökologische Software schaltet dabei langsamer reagierende Konkurrenz aus und begünstigt unverzüglich den Symbiosepartner.

Tagfalter wirken im tropischen Wald als besonders wichtige Partner vieler höherer Pflanzen, deren Blüten sie bestäuben und dabei Nektar trinken. In ihrem Jugendstadium – als Raupen – schädigen sie dagegen Pflanzen, weil sie bis zur Verpuppung von Unmengen zarter Blätter leben. Im Regenwald, wo ein verbissener Kampf um Licht, Wasser und Nährstoffe herrscht, konnten zwangsläufig nur Pflanzen überleben, die sich gegen Blattfraß von Raupen und andern Insekten zu wehren wissen, wie etwa die 500 Arten der Passionsblume. Lediglich die Raupen der Heliconius-Schmetterlinge werden mit dem Passiflorengift fertig. Ihr Stoffwechsel ist allerdings so hoch spezialisiert, daß sie überhaupt keine andere Blattnahrung zu sich nehmen können. Exklusive Nahrung, die zudem so selten ist wie die rankenden Passionsblumen, könnte bei übermäßigem Fraß leicht ausgerottet werden, was auch unverzüglich das Aussterben der Heliconia-Falter zur Folge hätte. Dem wirkt das Legeverhalten der Falterweibchen entgegen. Sie plazieren pro Ranke nur ganz wenige Eier, deren gelbe Farbe sie auffallend vom Grün der Blätter abhebt. Somit werden die Eier selbst zu Signalen, die andere Weibchen daran hindern, ihre Eier wahllos auf ein und derselben Pflanze abzulegen.

Doch selbst beschränkter Raupenfraß ist einigen Passionsblumen noch zuviel. Sie experimentieren bereits mit zusätzlichen Abwehrmechanismen: Die einen locken mit Nektardrüsen raupenfressende

Ameisen auf ihre Ranken. Andere bilden auf Blättern und Sprossen die auffallenden Heliconia-Eier täuschend ähnlich nach. Dieses Signal vom vermeintlich besetzten Legeplatz hält legefreudige Falterweibchen fern. Solche Errungenschaften scheinen verhältnismäßig junge Produkte der gemeinsamen Entwicklung von Passifloren und Heliconia zu sein. Sie haben sich nämlich noch nicht wie das Gift bei allen Arten der Passionsblumen durchgesetzt, nicht einmal bei allen Individuen der gleichen Art.

Wichtig in diesem Zusammenhang ist aber die Tatsache, daß Programme für zukünftige Bekämpfung resistent gewordener Schädlinge offenbar schon vorhanden sind, ehe sie für die bedrohten Pflanzen generell als überlebensnotwendige Strategien eingesetzt werden müssen. Derartige zukunftsgerichtete Mechanismen sind der modernen Schädlingsbekämpfung durch den Menschen ebenso fern, wie die simple Erkenntnis, daß im Tropenwald sämtliche heute noch wirksamen Abwehrstoffe gegen alle Fraßinsekten vorhanden sein müssen, allerdings nicht als Produkte einer einzigen Pflanzenart. Denn selbst die hochgiftigen Blätter der Passionsblumen oder der Solanaceen, der Verwandten von Tomaten und Kartoffeln, werden von hochspezialisierten Widersachern gefressen. Ein Gemisch aus Wirkstoffen verschiedenster Pflanzen schränkt aber zwangsläufig alle Schadinsekten ein, auch die Spezialisten, was Tropenforscher bewiesen haben. Sie setzten verschiedensten Insekten, Nutzpflanzenschädlinge inbegriffen, eine solche Mixtur vor, mit dem Erfolg, daß deren Nachkommenzahl um 95 bis 98 Prozent zurückging (siehe auch das Kapitel 3: ›Pflanzen und Pflanzenfresser‹). Gleiches gibt es auch über Pilze, Bakterien und andere Widersacher zu berichten. Ebenso verfügt der Regenwald wahrscheinlich über alle denkbaren Lockstoffe von heute und die Programme für zukünftige. Und schließlich sind seine Methoden des Recyclings seit 35 Millionen Jahren erprobt und im Konkurrenzkampf zwischen abfallverwertenden Arten ständig verbessert worden, weil er sämtliche verfügbaren Rohstoffe längst in sein System eingebracht hat, das in seiner Vielfalt nur dann weiter existieren kann, wenn nichts verloren geht, was wiederum durch rasches Reagieren erreicht wird. Kurz: Der Regenwald birgt *die* ökologische Information schlechthin.

Damit wußte die moderne Zivilisationsgesellschaft des Menschen bisher nichts, aber auch gar nichts, anzufangen, und dies, obwohl auch sie sich in einem ökologisch mit dem Regenwald vergleichbaren Klimax-Zustand befindet: Ihre Ressourcen sind praktisch aufgebraucht und – wenn auch zum Teil als Abfälle und Schadstoffe – ins System integriert. Recycling und Symbiosen mit »Nützlingen« sowie Abwehr von »Schädlingen«, ohne dabei das ganze System zu gefährden, wären die Devisen für wirksame Strategien zur Sicherung ihres Fortbestands. Lösungsvorschläge, diese Ziele zu erreichen, fänden sich im Regenwald zuhauf.

Derartig billige »ökologische« Informationen werden wohl so lange nicht wahrgenommen, bis es zu spät sein wird, das heißt, bis der Regenwald total verstümmelt sein wird und bestenfalls als geschütztes Reservat, in unreal kleine Gebiete zerstückelt, weiterbesteht. Doch der Bestand solch parzellierten Regenwalds wird nur von kurzer Dauer sein, denn auf den kleinen Schutzzonen – etwa dem 16 Quadratkilometer großen Barro-Colorado-Nationalpark von Panama – werden ihn früher oder später Erdbeben, Taifune oder Überschwemmungen vernichten. Solche Katastrophen waren bisher immer kräftig genug, um Löcher in den Teppich der kräftigen Bäume zu reißen, aber doch immer zu schwach, um die in der Lebensgemeinschaft gehorteten Nährstoffe abzutragen; dies ermöglichte immer noch das Aufkommen hoch produktiver Lichtungen, die von Lebewesen des unbeschädigten Restwaldes erobert wurden. In einem Ödland aus Menschenhand werden dereinst solche Reservoirs fehlen, und damit werden just jene unberechenbaren Ereignisse dem verstümmelten Regenwald den Rest geben, die ihn sonst lebenserhaltend verjüngten.

7. Wildtiere in der Kulturlandschaft

Möwen haben gut lachen

Zwischen ihren Zehen spannen sich wie bei vielen Wasservögeln Schwimmhäute. Doch sie schreitet hinter dem Pflug und streitet mit weißbefrackten Artgenossen um Würmer und Insekten. Ihre langen, breiten Flügel mit den stumpfwinklig nach hinten weisenden spitzen Handschwingen, ihr schlanker, spindelförmiger Körper verraten den Segler und Luftakrobaten in steifer Brise. Doch der vermeintliche Küstenvogel hockt vollgefressen auf Dachrinnen und Geländern in winterlichen Großstädten. *Larus ridibundus,* die Lachmöwe, ist auf dem Vormarsch: In Norwegen (1867: erster Brutnachweis, 1975: 9500 Brutpaare), in der Camargue (1936: 400 Brutpaare, 1970: 8000), in der DDR (1963: 16000 Brutpaare, 1973: 32000) oder gar im fernen Hongkong, wo vor 1970 im Winter kaum mehr als 100 Lachmöwen gesehen wurden, waren es 1977 schon mehr als 10000.

Die Lachmöwe wanderte in Schweden vor rund zwei Jahrhunderten ein. Es war die Zeit, als die Provinzen Schonen, Öland und Gotland landwirtschaftlich erschlossen wurden. Um 1920 waren 50 schwedische Brutkolonien bekannt, 1972 nahezu 800 mit insgesamt 270000 Brutpaaren. Die Brutkolonien sind um so größer, je näher sie an den Großstädten liegen. Ein direkter Zusammenhang zwischen reicher Möwenbevölkerung und extremen Landschaftsveränderungen durch den Menschen findet sich auch in der Schweiz, wo noch um 1915 ein paar Dutzend Paare brüteten.

In Zürich überwinterten bereits zu Beginn des vorigen Jahrhunderts Lachmöwen. Sie suchten ihr Futter vorwiegend unter den Abfällen des städtischen Schlachthauses. Um die Jahrhundertwende begannen Tierfreunde sie mit Speiseresten auf den Fensterbrettern zu füttern, was 1961 vom Stadtrat wegen der massiven Fassadenverschmutzungen verboten wurde. Doch die inzwischen auf gut 10000 Köpfe angewachsene Schar dachte nicht daran, sich deshalb ein anderes Winterquartier zu suchen. Die Möwen wechselten lediglich

Futterplatz und Speisezettel, flogen fortan frühmorgens von ihrem bereits 1854 etablierten Schlafplatz am unteren Zürichsee auf die brachen Winterfelder fernab der Stadt und lebten seither von Würmern und anderen Bodentieren, von Feldfrüchten und deren Samen. Den Schlafplatz am See haben sie deshalb aber bis heute nicht aufgegeben. Im Winter 1976 schätzte man hier 18000 Lachmöwen, 1979 bereits bis zu 25000.

Die Lachmöwe ist anpassungsfähig. Sie findet ihr Futter schreitend an der Bodenoberfläche, fliegend oder am Ort flatternd, selten schwimmend auf dem Wasser. Gelegentlich taucht sie aus dem Flug ins Wasser und stößt nach einem Happen. So vielfältig wie die Methoden der Futterbeschaffung ist das Futter selbst: An den Karpfenteichen der Oberlausitz in der DDR zum Beispiel besteht der größte Teil der Nahrung aus Fischen. Lediglich zwischen März und Juni fressen die Möwen zusätzlich Würmer (ein Fünftel der Nahrungsmenge) und Insekten (ein Zehntel der Nahrungsmenge). Im Schweizer Mittelland dagegen ernähren sich die Tiere im Spätsommer und Herbst zu 90 Prozent von Regenwürmern, die sie auf frischgepflügten Feldern finden. Solch ergiebige Futterquellen entdeckt zuerst ein Mitglied eines großen Möwenschwarms. Dieses läßt sich dann alsbald ohne geringste Scheu vor Mensch und Motor in den aufgeworfenen Schollen nieder und pickt die Leckerbissen aus der Erde, allerdings mit unterschiedlichem Erfolg.

Junge Möwen, erkennbar an ihrem mehr oder weniger schmutzighellbraun gesprenkelten Gefieder der Flügel, erbeuten in Gesellschaft mit den älteren Tieren bedeutend weniger Nahrung, als wenn sie lediglich mit ihresgleichen Futter suchen. Sie werden von den Erwachsenen immer dann verjagt, wenn sie ein Beutetier gefunden haben. Doch dieser Mechanismus hat für Jungmöwen auch Vorteile: Sie lernen im Verband mit erfahrenen Tieren Futtergebiete kennen. Mehr können sie nur dann bekommen, wenn sie unbekannte Futterquellen entdecken, wo keine ausgewachsenen Möwen ihnen das Futter streitig machen. Somit erzwingt der Rangunterschied zwischen alt und jung geradezu die Entdeckung neuer Ressourcen und die Entwicklung bisher unbekannter Ernährungsstrategien.

In der Tat finden sich in einem Möwenschwarm immer wieder

Spezialisten. Einzeltiere reißen etwa Bläßhühnern ihre vom Seegrund an die Wasseroberfläche geholte Wasserpflanzennahrung aus dem Schnabel. Andere warten am Nest von Haubentauchern auf das Erscheinen der Elterntiere und picken ihnen Fische vom spitzen Schnabel, bevor die Eltern ihre hungrigen Jungen damit füttern können.

Selbstverständlich entdeckten die Lachmöwen sofort die Abfallhalden menschlichen Wohlstandes, die um 1950 überall am Rande westeuropäischer Siedlungen entstanden. Weder hartes Brot noch faules Gemüse oder Fleisch sind ihnen zu schlecht. Ihre Verdauungssäfte wirken so rasch, daß etwa der Kopf eines verschlungenen Fisches schon halb zersetzt ist, bevor Rumpf und Schwanz überhaupt den Magen erreicht haben. Für die Möwen – und nicht nur die Lachmöwen – ist der Müll ein Segen. Allein auf die Deponie von Entressen-en-Crau, nahe der Camargue, werden pro Jahr knapp 300000 Tonnen Abfälle aus der Millionenstadt Marseille gekippt. Für die Möwen heißt das: 16 bis 18 Tonnen Futter pro Tag. Kein Wunder, daß sich der Möwenbestand dort in 35 Jahren um das Vierzigfache erhöht hat. Heute fliegen zwischen Ende Oktober und Anfang Juli täglich bis zu 17000 Lachmöwen auf die Müllhalde von Entressen-en-Crau, ein Teil davon sind jene Wintergäste aus Finnland und Schweden, aus der Tschechoslowakei und Westrußland, aus der Schweiz, Süddeutschland und Österreich, die die kalte Jahreszeit in Südfrankreich verbringen. Und Mülldeponien wie diejenige von Entressen-en-Crau gibt es in Mitteleuropa zu Hunderten. Die Wohlstandsgesellschaft hat für die Lachmöwe den Tisch gedeckt, und dies nicht ohne Folgen: Verbrachten zum Beispiel zwischen 1920 und 1945 nur eine von drei in der Schweiz brütenden erwachsenen Möwen den Winter in der Eidgenossenschaft (der Rest flog mit den Jungvögeln ins Winterquartier rund um das Mittelmeer, nach Norwestafrika oder in den Golf von Biskaya), überwintern seit Mitte des Jahrhunderts mehr als die Hälfte der Altvögel in der Nähe ihrer Nistkolonien, wo Wohlstandsmüll und frischgepflügte Äcker überreichlich Nahrung bieten.

Wenigstens jeder fünfte Jungvogel verzichtet vom Anfang seines Lebens an auf eine Winterreise in wärmere Gefilde. Zwar haben die

Lachmöwenbestände wegen der Intensivierung der Landwirtschaft in den letzten Jahrzehnten auch in Rußland und Sibirien stark zugenommen. Doch die asiatischen Möwenschwärme reisen im Winter nach wie vor in den Süden, ja sie weiten ihr Überwinterungsquartier sogar aus, so etwa an der ostafrikanischen Küste: Seit 1972 ist nicht mehr Eritrea die südliche Grenze, sondern Tansania. Außerdem haben sie nicht nur Hongkong erobert, sie überwintern neuerdings auch in Sri Lanka. Die gute Million westeuropäischer Lachmöwen reist im Winter, wenn überhaupt noch, höchstens bis nach Marokko oder Tunesien. Das reiche Nahrungsangebot westeuropäischer Kulturlandschaften verkürzt aber nicht nur Reiserouten, es verlängert auch das Leben.

Ohne den Nahrungssegen moderner Kulturlandschaften sterben neun von zehn jungen Möwen vor Erreichen des zweiten Lebensjahres. Wo ihnen aber Kulturland zur Verfügung steht, überlebt jede dritte geschlüpfte Möwe das kritische Alter von zwei Jahren, beobachtete Paul Isenmann von der ökologischen Forschungsstation in der Camargue. Futterknappheit, Konkurrenz um Nahrung oder lange Reisen ins Winterquartier sind als Todesursachen weitgehend ausgeschaltet. Und wenn eine Lachmöwe einmal zweijährig ist, dann wird sie mit großer Wahrscheinlichkeit drei, fünf oder sogar zehn Jahre alt. Die Überalterung der Möwenbestände wirkt sich wiederum auf den Fortpflanzungserfolg ganzer Kolonien aus. Ältere Möwen sind schon bei der Wahl des Nistortes im März oder April erfahrener als junge, ebenso bei der Aufzucht und der Verteidigung der Jungen gegen Beutegreifer wie Fuchs oder Iltis. Außerdem beginnen sie mit der Brut früher als die Jungen, was den aufwachsenden Küken eine längere Entwicklungsphase vor dem Winter ermöglicht und somit höhere Überlebenschancen schafft. Jedenfalls fanden russische Forscher, daß ältere Möwenpaare aus drei gelegten Eiern meist zwei Junge aufgezogen haben. Zwei- und dreijährige Möwen brachten höchstens eines auf.

In den rasch wachsenden Brutkolonien am Rande von Seen und Flüssen oder mitten in seichten Gewässern ist oft die Zahl günstiger Nistorte geringer als die Anzahl der Anwärter. Wiederum sind es die sozial überlegenen, früh brütenden Altmöwen, welche die günstigsten Niststandorte beziehen. Diese bestehen meist aus Seggengras-, Riedgras- oder Schilfbüscheln, die von Wasser umgeben sind. Die unterlegenen jüngeren Möwen haben in überfüllten Kolonien keinen Platz mehr. Sie bauen ihre Nester aus Schilf und Gras am Ufer, also dort, wo Beutegreifer leicht Erfolg haben. Folglich bringen die Verdrängten praktisch keinen Nachwuchs auf. Fuchs, Iltis, Igel oder Greifvögel fressen ihre Eier, längst bevor sich die darin heranwachsenden Küken mit leisen Piepstönen melden können, an denen ihre Eltern sie schon vor dem Schlüpfen kennenlernen.

Die im Zentrum einer Kolonie brütenden Möwen sind nicht nur durch das umgebende Wasser besser geschützt als diejenigen am Rande, sondern auch durch die im Laufe der Jahre gesammelten Informationen über denkbare Widersacher, denn, wann immer ein Feind tagsüber mit einer toten Möwe in der Nähe gesehen wird, fliegen Dutzende von Möwen, als würden sie vom Freßfeind angezogen, in dessen Nähe. Dieses Verhalten ermöglicht es ihnen, den Widersacher genau kennenzulernen.

Dies gilt auch für Beutegreifer aus der Luft. Die Möwen der dichtbesetzten Koloniezentren greifen fliegende Feinde an, Hunderte von Möwenkörpern bilden einen fliegenden Schutzschild über die am Boden liegenden Eier und Jungen. Noch mehr: Lachmöwen gewähren in ihren Kolonien auch andern Wasservögeln und ihren Gelegen Schutz. So etwa der Schwarzkopfmöwe *(Larus melanocephalus)*, dem Teichhuhn *(Gallinula chloropus)*, dem Bläßhuhn *(Fulica atra)*, der Krickente *(Anas crecca)*, dem Kiebitz *(Vanellus vanellus)* und wahrscheinlich auch dem Schwarzhalstaucher *(Podiceps nigricollis)*, ganz besonders aber der Brandseeschwalbe *(Sterna sandvicensis)*.

Dieser elegante Küstenvogel, der einer graziösen kleinen Möwe ähnelt, brütet nie nur mit seinesgleichen, sondern meist in Lachmöwenkolonien. Zwar fressen die größeren Verwandten gelegentlich einige seiner Eier und stehlen ihm gut fünf Prozent der Nahrung, die er vom Meer zur Aufzucht der Jungen in die Kolonie trägt. Trotzdem macht sich für die Brandseeschwalbe das Wohnen bei den Lachmöwen bezahlt. Sie schützen nämlich den kleineren Verwandten vor dem Zugriff der großen Silbermöwen und Krähen.

In Bayern gelten Lachmöwenkolonien als »Konzentrationspunkte« für andere Brutvögel wie Reiherente *(Aythya fuligula)*, Tafelente *(Aythya ferina)* oder gar Flußseeschwalbe *(Sterna hirundo)*. Lachmöwen werden von Vogelschützern somit gern gesehen. Doch gelegentlich ändert sich das Bild, so etwa im Herbst 1974, als ein vorzeitiger Wintereinbruch mit Schnee im Alpenbereich und naßkaltem, stürmischem Wetter in tieferen Lagen dazu führte, daß Tausende von Rauchschwalben *(Hirundo rustica)* – meist Jungvögel aus der zweiten und dritten Brut – den Weg nach Süden über die Alpen nicht schafften, sondern sich erschöpft an den oberbayrischen Seen sammelten. Hier fischten die reichlich vorhandenen Lachmöwen vorerst die auf der erfolglosen Insektenjagd an Schwäche gestorbenen Schwalben aus dem Wasser. Bald lernten sie die von Hunger und Nachtfrost völlig ermatteten Vögel in der Luft zu packen und zu zerhacken. Die Schwalbenkatastrophe hatte ihren für jedermann sichtbaren Verursacher: Die Lachmöwe selbstverständlich und nicht etwa der früh eingetroffene Winter.

Die Lachmöwe kannte einst selbst solche einschränkenden Umweltveränderungen: Hunger, weil Schnee und Eis die Futterquellen versiegen ließen, und Zerstörungen der Brutplätze infolge Überschwemmungen oder Trockenheit. Doch beide Regulatoren verschwanden aus der Kulturlandschaft. Wird *Larus ridibundus* nun selbst zum regulierenden Element, das seine Lebensgemeinschaft mitprägt? An derartigen Annahmen fehlt es nicht.

Andere Fachleute fürchteten auch schon, die in der Kulturlandschaft allgegenwärtigen Lachmöwen könnten die Regenwürmer ausrotten, ein scheinbar gar nicht so abwegiger Gedanke, wenn man weiß, daß etwa in der Westschweiz im Herbst täglich an die 200 Lachmöwen einen Quadratkilometer Landwirtschaftsfläche nach Regenwürmern absuchen. Jede von ihnen frißt täglich, so der Zoologe Gérard Cuendet von der Universität Lausanne, 150 bis 200 Gramm der unerläßlichen Bodenpfleger. Das Angebot der Wurmnahrung ist jedoch so hoch (100 bis 200 Tonnen pro Quadratkilometer), daß die Möwen selbst dann, wenn sie dem Pflug folgen, nicht mehr als 5 bis 13 Prozent erbeuten.

Übrigens meiden nach Gérard Cuendets eingehenden Untersuchungen Lachmöwen auf der Futtersuche die Nähe von Waldrändern und Gebüschpartien. Diesem Verhaltensmerkmal des zum Kulturfolger gewordenen Küsten- und Uferbewohners müssen sich in Zukunft auch die Betreiber unserer großen Flugplätze näher annehmen. Denn die riesigen Scharen von Lachmöwen, die ihr Futter auf den regelmäßig gemähten und oft gepflügten Flächen zwischen den Pisten finden, gefährden die Flugsicherheit. Bei jedem dritten sogenannten »Vogelschlag« handelt es sich um eine Kollision mit einer Möwe. Die Lachmöwen ließen sich weder mit abgerichteten Jagdfalken noch mit anderen Methoden, die nur das Symptom des Massenauftritts, nicht aber dessen Ursachen angingen, vertreiben.

Deutsche Ornithologen empfahlen nun, auf das häufige Mähen und Pflügen der Flugplätze zu verzichten, was verschiedentlich auch mit Erfolg geschah: Die nun höher wachsende, vielfältige Vegetation mit Trockenrasen, Riedwiesen oder Buschzonen verdrängte die verhältnismäßig großen, bis 400 Meter über Grund fliegenden und daher für Triebwerke gefährlichen Lachmöwen.

Eine andere Lebensgemeinschaft stellt sich ein. Zu ihr gehören zahlreiche kleine, meist nicht hochfliegende Vogelarten. Für die Flugsicherung ist eine Gefahr gebannt, für Technokraten und Landschaftsplaner vielleicht eine Erkenntnis gewonnen: Vielfalt der Pflanzendecke erzwingt Vielfalt unter den Mitgliedern der Lebensgemeinschaft.

Kandidat für die Rote Liste – der Feldhase

Bis 1978 wurden in der Bundesrepublik jährlich immerhin noch rund eine Million Hasen erlegt. Doch bereits im Jagdjahr 1979/1980 betrug die Strecke nur noch 450000 Tiere. Der Rückgang ist gesamtdeutsch, obwohl jüngst ein Anstieg eingetreten ist: DDR-Waidmänner beklagten, daß ihnen 1978 nur 41000 Langohren vor die Flinten kamen, während es 1961 immerhin noch 420000 waren. Das gleiche Bild in der Schweiz: Bis 1950 durften eidgenössische Jäger auf 60000 bis 70000 erlegte Hasen hoffen, seit etwa 1969 müssen sie sich mit 20000 begnügen. Der Hasenrückgang, wie er auch in

Frankreich, Italien und Dänemark deutlich wurde, verunsicherte die Jäger, die ihre Hegepraxis bisher für so erfolgreich hielten.

Auf den Plan traten die Wildbiologen. Zunächst entwickelten sie eine Methode, mittels derer die schwindenden Bestände ziemlich genau geschätzt werden konnten: die sogenannte Streifentaxation. Von einem geländegängigen Fahrzeug aus zählen zwei Beobachter die Hasen, die links und rechts der Fahrstrecke sichtbar werden; die Daten erlauben eine erstaunlich genaue Näherungsrechnung. Die Bevölkerungszählungen müssen zwischen Abend- und Morgendämmerung durchgeführt werden, weil Hasen dämmerungs- und nachtaktive Tiere sind. Seitlich am Fahrzeug angebrachte Halogenscheinwerfer ermöglichen die Sicht – zumindest in den Kulturlandschaften, die von den Hasen bemerkenswert dicht besiedelt werden können. Als hasenreich gelten Feldfluren, die mehr als 50 Tiere pro Quadratkilometer beherbergen.

Weshalb diese Bevölkerungsdichte kaum noch irgendwo zwischen Skagerrak und Mittelmeer, Atlantik und Ural erreicht wird, ist heute hinlänglich bekannt. Allerdings suchte man lange an der falschen Stelle nach möglichen Sterbefaktoren. Als Anfang der sechziger Jahre die Hasen merklich seltener wurden, vermutete man, die Ursachen müßten im Hasen selbst zu finden sein. Man versuchte durch Aussetzung künstlich gezüchteter Hasen oder vom Ausland bezogener Wildfänge das »Blut« der dahinsiechenden Bestände aufzufrischen. Führend bei solchen Aktionen war und ist zweifellos Frankreich, wo die Hasenjagd ein Volkssport ist: Über zwei Millionen Franzosen (das sind immerhin vier von hundert) gehen zur Jagd – ein Aufgebot, das dem sämtlicher anderer westeuropäischer Länder zusammengenommen entspricht. Jedem einzelnen Chasseur steht – setzt man eine gleichmäßige Verteilung über die ganze Nation voraus – ein Viertel Quadratkilometer Jagdrevier zur Verfügung. In Frankreich besitzt somit der Feldhase für den Staat, der die Jagdlizenzen ausstellt, eine gewisse ökonomische Bedeutung. Für die jagende Bevölkerung ist er ein »Freizeitgestalter«.

Als die französischen Hasen zu darben anfingen, vergrößerte man künstlich das Angebot. 1958 wurden aus Osteuropa 90000 Hasen eingeführt, 1974 waren es bereits 190000. Von einem Erfolg konnte dennoch nicht gesprochen werden. Von 100 ausgesetzten Hasen wurden lediglich 2 bis höchstens 20 zur Strecke gebracht. Ein teurer Fehlschlag. Seit 1965 versucht man nun durch Gefangenschaftszuchten den einheimischen Hasen eine Chance zu geben. 1975 lieferten die Hasenstationen 16000 langohrige Schrotziele. Das Plansoll von 100000 Hasen im Jahre 1980 wurde knapp zur Hälfte erreicht. Hasen lassen sich nun einmal nicht wie Kaninchen züchten.

Was den Franzosen recht war, schien auch den Italienern und Schweizern erstrebenswert. Auch hier wurden Importhasen – das Stück kostete Ende der siebziger Jahre immerhin schon 200 Schweizer Franken, den zehnfachen Preis seines Wildbrets – ausgesetzt, und man übte sich in der Hasenzucht. Doch der Erfolg blieb auch hier aus, ebenso wie in Polen. Dort überwachte der Hasenforscher Zygmunt Pielowski mit wissenschaftlicher Akribie in zwei Gebieten den Erfolg der »Aufartung«. In beiden Hasenlebensräumen war die Bevölkerungsdichte vor dem Aussetzen auf weniger als 10 Tiere pro Quadratkilometer zusammengesunken.

Es wurden 500 beziehungsweise 600 Hasen ausgesetzt. Der Transport vom Fang- zum Aussetzungsgebiet erfolgte unter bestmöglichen Bedingungen. Dazu gehörte auch eine kurze Transportzeit, denn bei tagelangem Aufenthalt in engen Käfigen verlieren die scheuen Tiere rasch ihre Resistenz gegen Krankheitserreger.

Im ersten Versuchsgebiet, Manowo, wurden die Neuankömmlinge direkt ausgesetzt. Der Hasenbestand stieg rasant an, von 6 auf fast 30 Tiere pro Quadratkilometer. Wenige Wochen später offenbarten die Streifentaxationen: nur noch 22 Hasen auf der gleichen Fläche. Zwei Jahre lang hielt sich der Bestand auf diesem Niveau. Dann sank er erneut auf weniger als 10 Tiere pro Quadratkilometer.

Im zweiten Versuch verbesserte man die Bedingungen, indem man die Hasen vor der eigentlichen Aussetzung in einem feindfreien Gehege an die neue Umgebung gewöhnte. Als sie schließlich die Freiheit zurückerhielten, stieg die Bevölkerungsdichte von 10 auf 17 Tiere. Aber schon ein Jahr später war sie wieder auf den niedrigen Bestand vor Versuchsbeginn zurückgegangen.

Am Hasen allein kann es also kaum liegen, daß in den sechziger Jahren die Bestände in vielen Regionen schrumpften. Die Ursache muß in der Umwelt zu finden sein. Doch wo? Die Suche nach einzelnen Sterbeursachen offenbart viele Faktoren, das zeigt schon die Analyse so scheinbar einfacher Sachverhalte wie des Zusammenhangs zwischen Niederschlag und Hasenbestand. So dämpft etwa ein regenreicher Sommer das Wachstum des Bestandes. Umgekehrt läßt sich in niederschlagsarmen Jahren ein rasches Anwachsen der Bestände feststellen. Wieweit aber der Regen *direkt* auf den Hasen wirkt (zum Beispiel die Jungen durch Erkältungen gefährdet) oder wieweit *indirekte* Wirkungen (zum Beispiel die Verschlechterung des Äsungsangebots oder die vermehrte Ausbreitung von Krankheitserregern) auf das Wohlergehen des Hasen Einfluß nehmen, ist bis heute unklar. Gegenwärtig weiß die Forschung lediglich, daß bei hoher Schneedecke mehr Hasen sterben als bei niedriger. Ungeklärt blieb auch bis heute die Frage, ob viel Schnee dem Hasen den Erfrierungs- oder Hungertod bringt; offene Fragen sind ferner, ob die Schneedecke dem natürlichen Hauptfeind, dem Fuchs, die Mäusejagd erschwert und ihn damit vermehrt zur Hasenjagd nötigt oder ob all die genannten und noch andere Ursachen zusammenwirken.

Andere Spuren zum Hasentod sind deutlicher. In der modernen Kulturlandschaft werden Biozide eingesetzt. Sie sollen, so besagen polnische Untersuchungen, rund ein Achtel der neugeborenen Hasen töten. Junghasen gehören außerdem neben Rehkitzen zu den Opfern von Mäh- und Erntemaschinen. Hasen, die älter sind als vier Wochen, fliehen allerdings rechtzeitig vor der herannahenden Gefahr. Je nach Art des Einsatzes landwirtschaftlicher Maschinen, der Beschaffenheit der Nutzpflanzendecke und je nach Jahreszeit sind die Verluste unterschiedlich hoch. Die höchsten Todesquoten treffen jene Jungtiere, die kurz vor der Ernte in Luzerne- oder Futterroggenfeldern gesetzt werden: Mehr als die Hälfte wird »vermäht«. 10 bis 20 Prozent der zur Erntezeit in Runkelrübenfeldern, Heugraswiesen und Kartoffeläckern gesetzten Junghasen werden von Maschinen getötet. Zusammenfassend kann man sagen, daß durch landwirtschaftliche Maschinen heute in sehr hasenreichen Gebieten maximal ein Achtel des jährlichen Zuwachses stirbt.

Ein weiterer offensichtlicher Sterbefaktor für Hasen in der modernen Kulturlandschaft ist die Straße. Wildzäune, falls überhaupt vorhanden, schützen Fahrzeuge und Lenker vor gefährlichen Kollisionen mit schweren Wildtieren wie Rehen, Hirschen und Wildschweinen. Sie lassen jedoch kleinere Lebewesen passieren, so auch den Hasen. Allein in Deutschland werden alljährlich etwa 120000 Hasen auf der Straße »erbeutet«, das sind 10 Prozent des geschätzten Bestandes.

Doch so hoch auch die Verluste durch Umweltgifte, landwirtschaftliche Maschinen und Straßenverkehr sein mögen, selbst zusammengenommen können sie den Hasenschwund nicht hinlänglich erklären, dies um so weniger, als sich der Hase – dem seine Fruchtbarkeit schließlich zur Würde des Osterhasen verholfen hat – bisher allen Widrigkeiten zum Trotz mit der Strategie der großen Zahl aus jeder Enge befreien konnte. Doch auch seine sprichwörtlichen Vermehrungsraten und sein in Jahrtausenden bewährtes Sozialverhalten stoßen an Grenzen, die der Mensch errichtet. Um das zu verdeutlichen, kommen wir nicht umhin, einen kleinen Ausflug ins Hasenfamilienleben zu unternehmen.

Der Beginn der »Hasenhochzeit« ist noch von Zurückhaltung geprägt. Nach einiger Zeit verlassen ein paar männliche Tiere (Rammler) ihre Ruhestätte, die Sassen, und suchen die Häsinnen auf, vor denen sie mit den Vorderläufen »trommeln«. Mit Imponiergehabe versuchen sie, die Umworbenen zu gewinnen: Auf steckengerade durchgedrückten Beinen recken sie sich empor und vergrößern katzbuckelnd ihre Erscheinung.

Anfänglich wehrt jede Häsin solche Annäherungsversuche ab. Doch später gibt sie ihre Reserviertheit auf, und so kommt die Hochzeitsgesellschaft allmählich in Stimmung. »Offenbar spielt der optische Reiz, der von der Bewegung treibender Paare ausgeht, eine bedeutende Rolle«, meint der Göttinger Hasenforscher Eberhard Schneider. Laufen nämlich die ersten treibenden Hasen über die Felder, so schließen sich ihnen bald zahlreiche weitere Artgenossen an. Ein Rammler, der in einer kritischen Entfernung eine Bewegung eräugt hat, ist nicht in jedem Falle besonders wählerisch und treibt durchaus auch einmal einen anderen Rammler. Haben die beiden den Irrtum schließlich erkannt, richten sie sich auf und verprügeln sich mit den Vorderläufen.

Im Verlauf dieser Werbungsrituale bilden sich Paare, die sich absondern. Durch weiteres unermüdliches Werben baut der Rammler die Berührungsscheu des Weibchens ab: Die Paarung kann stattfinden. Damit beginnt jene sagenhafte Vermehrungsperiode, von der der Volksmund zu berichten weiß: »Wenn der Hase im Frühjahr selbander zu Felde zieht, kehrt er im Herbst zu 16 zurück.« Richtig ist, daß die Voraussetzungen dafür gegeben sind.

In den milden Klimazonen Westeuropas dauert die Fortpflanzungszeit fast über das ganze Jahr, und die Tragezeit ist kurz. Dennoch vermehren sich die Hasen vorwiegend zwischen März und August, die »kinderreichste« Zeit liegt zwischen März und Mai. Allerdings: Der Volksmund übertreibt. Die Häsin zieht, obwohl es biologisch möglich wäre, keine 16 Jungen pro Sommerhalbjahr auf. Die Satzgröße beträgt pro Geburt zwar ein bis fünf Jungtiere, und eine Häsin kann jährlich ein halbes Dutzend Mal niederkommen. Aber nach einer siebenjährigen Studie am Feldhasen bestimmte der polnische Altmeister der Hasenforschung, Zygmunt Pielowski, die durchschnittliche Zahl der jungen Hasen, die von einer Häsin bei einer Geburt zur Welt gebracht werden, mit Werten, die zwischen zwei und knapp drei liegen. Die Anzahl der Jungtiere, die in der gesamten Fortpflanzungsperiode eines Jahres von einem Muttertier geboren werden, schwankt zwischen sechs und neun.

Die Tragezeit dauert ungefähr 42 Tage. Im Gegensatz zu neugeborenen Kaninchen sind die Junghasen ausgesprochene Nestflüchter, die mit wachen Sinnen und dichtem Fell geboren werden, bestens ausgerüstet, das Leben eines Einzelgängers zu führen, das schon früh beginnt: Drei Tage nach der Geburt verlassen die Neugeborenen ihre Geburtsstätte und liegen von nun an einzeln. Während der ersten fünf Lebenswochen werden sie von ihrer Mutter lediglich besucht. Die Häsin erscheint nur einmal am Tag zu einer ganz bestimmten Zeit. Sie säugt ihre Kinder anfänglich noch drei, später nur noch anderthalb Minuten lang und verjagt oder beißt sie sogar, wenn sie sich beim allabendlichen Stelldichein verspätet haben.

Hasen sind ursprünglich Bewohner des Graslandes also Steppentiere. Doch fehlt ihnen die Mobilität der großen, langbeinigen wilden Pferde und Rinder, die auf der Suche nach geeigneten Weiden im

Herdenverband mühelos Dutzende von Kilometern zurücklegen können. Zwar flüchtet der kleine Hoppler in Not rasant und hakenschlagend vor dem Niederlaufhund, aber er stirbt nach ein paar hundert Metern Hetze den Erschöpfungstod, wenn der Feind die Verfolgung nicht rechtzeitig aufgegeben hat.

Der Graslandzwerg mit der Konstitution eines Sprinters lebt zwangsläufig standorttreu. Möglich ist das aber nur in einer Umgebung, wo alle lebensnotwendigen Requisiten wie Deckung, Futter und Aufzuchtstätten wohldurchmischt und nahe nebeneinander vorkommen, so daß kein energiezehrender Ortswechsel notwendig wird. Und eben da liegt der Hase im Pfeffer: Derart ansprechende Lebensräume wurden in unserer Kulturlandschaft systematisch hinweggesäubert.

Hasen aber sind auf Gedeih und Verderb darauf angewiesen, sich im Sommer und Herbst die notwendige Kondition für den Winter »anzufressen«. Den winterlichen »Flaschenhals« passieren nur die starken, unverträglichen Hasen, welche rechtzeitig, also noch während des sommerlichen Überflusses, ihre Artgenossen aus ihrer Nachbarschaft vertrieben haben.

Doch artenreiche Grasländer sind für Hasen keine »Dauerpachten«. Dort, wo sich ein paar Jahre lang Hasen halten konnten, kann plötzlich Wald aufschießen. Und damit wächst die Äsung aus dem Bereich des kleinen Bodentieres. Umgekehrt jedoch schaffen Wind, Brand und Rodung gelegentlich gras- und krautreiche Lichtungen – neue Lebensräume. Für die Hasen in den alten, wertlos gewordenen Revieren ist das jedoch kein Trost. Wie sollen sie die neuen Siedlungsräume finden? Große Wanderungen überfordern ihre Kräfte. Und selbst wenn dem nicht so wäre, im kurzen Hasenleben bleibt keine Zeit, von den Eltern zu lernen und Wandertraditionen auszubilden, wie wir sie zum Beispiel vom Rotwild kennen.

Die mittlere Lebenserwartung eines Hasen beträgt etwa achteinhalb Monate, 40 bis 90 Prozent der Jungen sind schon tot, bevor im Herbst die ersten Blätter fallen, und mehr als 90 Prozent aller Hasen sind jünger als vier Jahre.

So paradox es klingen mag: Für die Besiedlung neuer Lebensräume erweist sich die Unverträglichkeit der samtpfotigen Raufbolde den Artgenossen gegenüber (nur während der kurzen Zeiten der Paarung und des Stillens wird die Unverträglichkeit abgebaut) als arterhaltend und damit als unvermeidlich. Für die Schwachen und Jungen, die von Revierinhabern in ungünstige Zonen abgedrängt werden, wird das Leben risikoreich. Dem Fuchs fallen, vor allem in deckungslosen Gebieten, bis zu einem Fünftel eines Bestandes zum Opfer, nicht zu reden von all den Hasenkrankheiten, die besonders die durch Kampf und Hunger gestreßten Tiere befallen.

Wenn die innerartliche Unverträglichkeit der Hasen dazu führt, daß sie sich auch in den Gebieten ausbreiten, die weniger günstig für sie sind, so liegt darin aber immerhin die Chance, daß sich einige Tiere so lange halten können, bis sich die Umwelt wieder zu ihren Gunsten verändert hat. Sie bilden dann den Kern eines neuen Ausbreitungszentrums. Mit welcher Bravour das geschehen kann, fiel schon vor zweieinhalbtausend Jahren dem griechischen Geschichtsschreiber Herodot auf. Die Häsin, so schrieb er, werde vom Rammler nicht erst nach, sondern schon vor der Geburt ihres letzten Satzes beschlagen, was heißt, daß sie gleichzeitig zwei verschiedene Generationen von Nachkommen trägt. Das 20. Jahrhundert bestätigte und präzisierte den alten Griechen, denn mittlerweile verfügte man über genaue Kenntnisse des Sexualverhaltens bei Säugetieren und der Sexualität auslösenden Geschlechtshormone.

Im Basler Zoo gelang es 1944 dem Schweizer Heini Hediger erstmals, lange nachdem es Usus geworden war, Löwen, Bären, Nashörner und Elefanten in Gefangenschaft zu vermehren, den Feldhasen im Käfig zur Fortpflanzung zu bewegen. Man beobachtete Begattungen, die drei bis vier Tage vor der Geburt der vorherigen Generation stattfanden.

Nach heutigen Feldbeobachtungen kann die Überlappung zweier Trächtigkeitsperioden in Gebieten, die besonders günstig für Hasen sind, sogar sieben oder mehr Tage betragen. Mit dieser sogenannten »Superfötation« (ein noch nicht befriedigend erklärtes Phänomen) besitzt der Feldhase neben seiner hohen Kinderzahl einen weiteren Mechanismus, um sich in geeigneten Gebieten geradezu schlagartig zu vermehren. Dank seiner beachtlichen Fortpflanzungsleistung gelänge es ihm vermutlich, der Dezimierung durch Mähmaschinen, durch Chemiegifte und Straßenverkehr erfolgreich entgegenzutreten. Doch gegen einen, den entscheidenden Faktor seiner artenspezifischen Negativbilanz hilft kein Kindersegen.

Die Züricher Hasenstudien von Hanspeter Pfister bewiesen: *Je höher der Zersiedlungsgrad einer Landschaft, um so geringer ihr Hasenbestand.* (Beim viel mobileren, in kleinen Gruppen lebenden Reh trifft das übrigens nicht zu.) Auch die heute weiträumig praktizierte Entflechtung einer arten- und strukturenreichen Kulturlandschaft zugunsten von eintönigen Monokulturen läuft den Lebensansprüchen des Hasen diametral entgegen. Denn der standorttreue »Revierpächter« muß jederzeit Deckung und Äsung auf verhältnismäßig kleinem Raum finden können. Durch Flurbereinigungen entstand ökologische Eintönigkeit. Mit den Hecken, den Unkrautsäumen entlang der Feldwege und zwischen einzelnen Äckern verschwand vielerorts auch der Hase. Zwar konnte er sich in Ersatzräumen noch halten, in lichten, unterwuchsreichen Wäldern etwa oder an Waldrändern. Hier können vielleicht sogar noch so viele Exemplare überleben, daß der sich im Frühjahr einstellende Nachwuchs rasch die Wiesen und Äcker besiedeln kann. Doch bei schlagartig eintretender Ernte werden all diese Hasen – in Ermangelung der »hinwegbereinigten« Feldgehölze und Wegraine – von einem Tag auf den anderen heimatlos. Die meisten sterben geschwächt durch die erfolglose Suche nach neuen Revieren und an Krankheiten, durch Raubtiere oder an Umweltgiften. Allerdings: Bis zur Roten Liste hat Mümmelmann noch ein gutes Stück Weges vor sich – beziehungsweise ein schlechtes.

Mehr Blattgrün per Blattschuß – Sorgen mit dem Rehwild

Oft sehen Jäger nur Rehe, Förster nur Nutzbäume, Tierschützer nur Wildhühner und Pflanzenschützer nur Orchideen. Fast alle haben aber eines gemeinsam: Sie sehen nicht, daß natürliches Leben nur bei Vielfalt der Arten und einer Rollenteilung im ökologischen System bestehen kann. Spezialistentum beherrscht die Hege des Waldes, obwohl gerade hier die Natur besonders vernetzt ist und damit ein ganzheitliches Denken lehrt. Ein Musterbeispiel einseitigen Denkens und Handelns offenbart uns das sogenannte Wald-Wild-Problem. Dank rehfreundlicher Gesetze, die Kitze führende Ricken schützten, nahm der Rehbestand über Jahrzehnte zu. In der Schweiz werden zum Beispiel heute achtmal mehr Rehe erlegt (zirka 37000) und wenigstens fünfmal mehr geschätzt (110000) als vor 50 Jahren.

Die vom Ackerbau geprägte Kulturlandschaft fördert die ungeheure Bestands-Explosion, jedenfalls im Sommer. Felder, Äcker, Gärten und Feldgehölze liefern reichlich Äsung zur Zeit der Kitzaufzucht und der Brunft. Werden dann aber im Herbst die Felder geerntet, wird das Äsungsangebot schlagartig geringer; die Folge: Die Rehe fressen die Knospen der Jungbäume.

Rehe suchen in großer Zahl im Wald Zuflucht. Zwar ist im Winterhalbjahr der Nahrungsbedarf eines Rehes dreimal geringer als die Futtermenge, die eine säugende Ricke im Juni und Juli braucht, doch auch das Angebot des Waldes schwindet von 33 Tonnen pro Hektar im Sommer auf 8 Tonnen pro Hektar im Winter (diese Angaben beziehen sich auf den Laubmischwald). Bei großer Bestandsdichte äsen die Rehe dann im Winterwald mehr Knospen, als Bäume, Sträucher und Kräuter entbehren können, ohne Schaden zu nehmen.

Um seiner Aufgabe – der nachhaltigen Nutzung der Waldbäume – gerecht zu werden, schützt der Förster die Knospen von einzeln stehenden Jungbäumen mit Metallhütchen, den sogenannten Knospenschonern, vor dem Verbiß, Schonungen werden großflächig eingezäunt. Solche Schutzmaßnahmen erhöhen wiederum den »Äsungsdruck« in den verbleibenden ungeschützten Räumen. Nicht nur Tanne, Eiche oder Ahorn werden verbissen und wachsen dann, wenn überhaupt, zu nutzlosen Krüppelzwergen heran, die den Wald nicht verjüngen können; auch eine ganze Reihe von Kräutern kümmern, weil sie immer wieder angeknabbert werden. In rehreichen Wäldern wurden Wald-Weidenröschen, Türkenbund, Gelber Eisenhut oder Hasenlattich selten oder verschwanden ganz. Die Heidelbeere, von deren Beeren und Knospen einst auch das Auerwild lebte, wächst längst nicht mehr zum kniehohen, reiche Ernte tragenden Strauch heran, sondern vegetiert, wo noch nicht vollständig verschwunden, als mickriger Kleinwuchs. Umgekehrt breiten sich jene Pflanzen aus, die vom Reh verschmäht werden, wie etwa Waldmeister, Rührmichnichtan und Wald-Bingelkraut.

Wenn Förster, die jahrein, jahraus im Wald arbeiten, die Wirkungen des Rehwildbestandes auf Nutzbaumarten abschätzen und sich wegen der zahlreichen Rehe bei den Jägern beklagen, reagieren die Nimrode meist mit unschuldigem Erstaunen. Sie versichern glaubhaft, während der kurzen Jagdzeit kaum Rehwild zu Gesicht zu bekommen. Das mag ja stimmen, schließlich entziehen sich die Wildtiere dem menschlichen Auge meist sehr erfolgreich. Trotzdem geben die Jäger vor, den Wildbestand nach Kind und Kegel »zählen« zu können. Grundlage der Abschußplanung ist dann eine fragwürdige Rechnerei. Rehbestände lassen sich nämlich mit herkömmlichen Mitteln der Jagdpraxis nicht einmal schätzen. Das bewiesen genaueste wildbiologische Studien, die im Zusammenhang mit regionalen Totalabschüssen durchgeführt wurden. So »zählten« Experten in einem Gebiet 70 Rehe. Tatsächlich aber waren dort 231 Tiere.

Bambi nämlich lebt schon lange nicht mehr nur im Wald und auf den Feldern, sondern hat längst Schrebergärten und Flugplätze erobert. Allerdings so heimlich, daß Naturschützer oft noch glauben, die Jagd sollte verboten werden. Sie, die alles Leben erhalten wollen, wissen oft nicht, daß eine stark überhegte Tierart seltene Pflanzen nahezu ausrotten kann – und damit natürlich auch die Tierarten, die von ihnen leben. Tierfreunde können meist nicht begreifen, daß die Jäger in diesem Fall gerade dadurch das Fortbestehen von Lebensformen garantieren könnten, daß sie viele Rehe töten.

Eigentlich wollen doch aber alle Vertreter der scheinbar so gegensätzlichen Interessen wie Jagd und Tierschutz, Forstwirtschaft und Naturschutz dasselbe: das natürliche Leben in der Kulturlandschaft erhalten. Alle Bestrebungen in Sachen Natur- und Umweltschutz nützen aber nichts, wenn sie nur einem Mitglied oder nur wenigen Mitgliedern einer vielfältigen Lebensgemeinschaft gelten. Sie flechten getrennte Teile des ökologischen Beziehungsnetzes nicht zusammen, sondern sie zerreißen dieses noch weiter – kurz: sie richten Schaden an.

Jäger von Norditalien bis Holland, von der Schweiz bis Österreich wissen, daß sich das Gewicht der Rehe mit zunehmender Wilddichte verringert. Wo einst jeder erwachsene Bock mehr als 20 Kilogramm auf die Waage brachte, sind heute Gewichte unter 20 Kilogramm die Regel und 15 bis 12 Kilogramm schwere Tiere längst keine Ausnahmen mehr. Gabler, Spießer und die sogenannten Kümmerer nehmen überhand. Sechs Enden, in dünn besiedelten Gebieten die Regel, tragen heute nur noch wenige Rehböcke. Zur Ausnahme wurden geweihstarke Böcke.

In Gebieten mit höchstens einem Dutzend Rehen pro 100 Hektar besetzen schon im Sommerhalbjahr kräftige Jährlingsböcke (Einjährige) ein eigenes Territorium, das sie gegen Rivalen verteidigen. Wo wenige Rehe leben, ziehen die Ricken ihren Nachwuchs an sonnigen Südhängen im eigenen Revier auf. Es darf höchstens von der eigenen zweijährigen Tochter und ihren Kitzen mitbenutzt werden. Dagegen: In sehr dicht bewohnten Gebieten, wo 50 und mehr Rehe auf einem Quadratkilometer leben müssen, wirkt der innerartliche Ausbreitungsmechanismus nicht mehr. Hier besetzen meist erst vierjährige Böcke eigene Territorien. Die anderen werden zu ruhelosen, gruppenbildenden Nomaden. In überbevölkerten Rehgebieten bedrängen sich Muttertiere auf den günstigen Setzplätzen, um ihren Nachwuchs nicht an feuchten, schattigen Stellen aufziehen zu müssen. Der Streß für Ricken und Kitze programmiert den schlechten körperlichen Zustand des Nachwuchses.

Diesem Konditionszerfall hilft der Jäger ab – so meint er wenigstens –, und zwar mit nährstoffreichem Futter und mit Medikamenten. Er hofft, die streß- und krankheitsanfälligen Rehe würden wieder schwerer und die Böcke wieder stärker.

Schießen wäre besser und billiger, jedenfalls billiger als Kraftfutter und Medikamente, wobei die Wildschadenvergütungen an die Waldbesitzer noch gar nicht mitgerechnet sind. Da die Jagd auch noch zusehends teurer und damit zum Statussymbol von wenigen wird, muß man fragen: Wächst hier eine Jägerschaft heran, die genügend Zeit aufbringt, den Wildbestand hinreichend zu hegen?

Wirklich bedrohlich aber ist die Argumentationskette, die sich manche Förster aus Rehplage und Verbißschäden zusammendrehen:

Die überhegten Rehwildbestände, so heißt es, zwängen geradezu zum verpönten Holzackerbau, zum Anbau von raschwachsenden Nutzhölzern auf eingezäunten Monokulturen mit gleich alten und gleichartigen Bäumen. Die Folge wäre ein verheerender Entflechtungsprozeß im artenreichen Ökosystem des Waldes.

Es geht auch anders: In den Schweizer Kantonen Aargau und Thurgau ist der Slogan »Jagd ist angewandter Naturschutz« mehr als ein Lippenbekenntnis. Viele Förster legten die Jagdprüfung ab und wurden Mitglieder der Jagdgesellschaft, die in »ihrem« Wald jagt. Sie lernten etwas von der Schwierigkeit der Jagd auf ein Tier, das sie bisher oft leichtfertig als Schädling bezeichnet hatten. Die Jäger ihrerseits fanden Interesse an den Fragen des Waldbaues. Anfangs kümmerten sie sich zwar lediglich um standortgemäße Wildfütterung, um die Silage von Äsungspflanzen etwa oder um die Laubheugewinnung. Doch sie lernten rasch, daß künstliche Fütterung kein brauchbares Mittel gegen Rehverbiß ist. Im Gegenteil: weiches Futter ohne Holzfasern kann von den Rehen nicht verdaut werden. Und diese notwendigen Fasern müssen sich die Tiere meist von den Jungbaumtrieben holen, wie Professor Kurt Eiberle von der Eidgenössischen Technischen Hochschule in Zürich bewies. Also pflegten die Jäger Waldränder und legten Wildäcker an.

Doch dies alles hätte wenig geholfen, wenn sie nicht auch geschossen hätten; geschossen, bis der Rehbestand dem Äsungsangebot des Waldes angepaßt war. Als Grundlage für den jährlichen Abschuß (die Jagdperiode wurde verlängert, um 15 bis 20 Rehe pro 100 Hektar Waldfläche schießen zu können) galten ihnen nicht mehr die zwangsläufig falschen Bestandsschätzungen, sondern die Verjüngungsfähigkeit der Waldbäume, der Eichen etwa und ganz besonders der Tannen. Ihre Faustregel lautet: Wächst eine standortgerechte Hauptbaumart ohne Schutz auf, ist der Rehbestand normal. In der Bundesrepublik bemühen sich Ökologen bislang vergeblich, diese einfache, aber einzig richtige Regel der Wild- und Waldbewirtschaftung in die Jagdgesetzgebung einzuführen. Vielen Jagdfunktionären geht leider immer noch Wild vor Wald.

Ausgangspunkt für diese enge Zusammenarbeit von Schweizer Jägern und Förstern waren die unerträglichen Wildschäden im Kanton

Thurgau sowie eine katastrophale Verseuchung des Wildes mit Krankheiten und Parasiten. 1970 erging von der Kantonsregierung die energische Forderung an die Jägerschaft, bis Ende der Jagdpachtperiode zwischen 1970 und 1978 die Rehbestände auf ein ökologisch und wirtschaftlich tragbares Maß zu reduzieren. Heute kann am Zustand des Waldes nachgewiesen werden, daß dieses Ziel erreicht wurde. Junge Waldbäume wachsen auch ohne Schutz wieder auf. Und die Förster vergeuden keine Zeit mehr mit aufwendiger Wildschadenverhütung. Sie beschäftigen sich mit der Durchforstung des Waldes, in dessen Unterwuchs bereits wieder Orchideen und Lilien blühen, die als verschollen galten. Ohne Liberalisierung der jagdlichen Vorschriften, ohne Verlängerung der Jagdperioden und ohne entsprechende Ausbildung der Jäger hätten die erhöhten Abschüsse im Kanton Thurgau sicher nicht erreicht werden können. Selbstverständlich wurde weiterhin nach waidmännischen Grundsätzen gejagt. Diese gebieten, so Forstmeister Martin Rieder aus der Kantonshauptstadt Frauenfeld, die Schonung von Geißen, die Kitze führen, und ein Schießverhalten, das dem Wild unnötige Qualen erspart.

Endgültig beerdigt hat man im Thurgau eine zählebige Jagdpraxis, den sogenannten Wahlabschuß, dessen wildbiologische Unsinnigkeit längst erwiesen ist. Bisher hielten sich die Jäger an eine züchterische Bauernregel, die allenfalls im Hühner- oder Kuhstall Sinn macht. Man bemühte sich, die Produktivität eines Tierbestandes zu erhöhen, indem man wenige männliche Tiere vielen weiblichen zuteilte. Die Regel gefiel den Jägern, erlaubte sie doch den verstärkten Abschuß starker Böcke und bescherte einen reichen Schmuck des Jagdzimmers. Als man aber bemerkte, daß in den Beständen das männliche Wild vermehrt schwache Geweihe (die Jäger nennen das Geweih des Rehbocks Gehörn) schob, galt der Abschuß sogenannter schlechter Vererber als Waidmannspflicht; der Bestand sollte »aufgewertet« werden durch Zuchtwahl über Kimme und Korn. Auch das blieb erfolglos. Die Geweihqualität sank infolge fehlender oder, bei Kunstfütterung, falscher Ernährung.

Im Kanton Thurgau pfuschen Jäger der natürlichen Auslese nicht mehr dazwischen. Wahlabschüsse kennzeichnet, so Martin Rieder, ohnehin »eine Jagdethik, die bestenfalls unsere vordergründigen jägerischen Gelüste rechtfertigt, sich aber bei näherem Zusehen in hoffnungslosen Widersprüchen von Selbstgerechtigkeit und vermeintlicher Wissenschaft verstrickt«. Zahl vor Wahl ist heute die Devise – einer gesunden Lebensgemeinschaft Wald zuliebe.

Motorisierte Bienenvölker

In der Bundesrepublik sammeln die rund 1,2 Millionen Bienenvölker jährlich durchschnittlich 15000 Tonnen Honig, was bei weitem nicht die Nachfrage deckt. Billighonig fließt aus Argentinien, Südafrika, Australien und sogar aus der Volksrepublik China zu uns. Längst lohnte in Mitteleuropa die Bienenhaltung nicht mehr, schaute man nur auf den Erlös aus den Bienenprodukten, als da sind: Honig, Wachs für Kerzen, Kosmetika und Holzpflegemittel, ferner Pollen und Gelee royale, der Nährsaft für Königinnenbrut. Volkswirtschaftlich betrachtet sieht die Sache dagegen anders aus. Rund zwei Millionen Tonnen Äpfel, 250000 Tonnen Kirschen und 360000 Tonnen Birnen jährlich kämen ohne die für ihre Fruchtbildung notwendige Fremdbestäubung durch Bienen nicht auf den Markt; heute noch weniger denn je, denn die Zahl der wildlebenden Bestäuber – Schmetterlinge, Hummeln und Wildbienen – schwindet rasch. In Obstgärten tragen zu 80 bis 100 Prozent die in menschlicher Obhut lebenden Honigbienen den Blütenstaub von Blüte zu Blüte. Eine ärmere Kulturlandschaft, indirekte Wirkungen von Herbiziden und direkte Dezimierung durch Insektengifte machen aber auch dem vierflügligen Haustier zu schaffen.

Anfang der zwanziger Jahre erzwangen die Imker einen ersten Sieg im Krieg gegen die giftspritzenden Obstbauern: im Alten Land, einem an Apfel- und Kirschbäumen reichen Anbaugebiet nordwestlich von Hamburg, benutzten die Obstbauern damals Arsen im Kampf gegen Schadinsekten. (Drei millionstel Gramm Arsen wirken für eine Biene tödlich.) Sie spritzten Jahr für Jahr, allen Protesten zum Trotz, das Gift in offene Baumblüten. Bienen starben wie die

Fliegen. Da brachten die Imker ihre Nutztiere in Zonen, in denen sie zwar weiterhin Pollen und Nektar sammeln konnten, dabei aber nicht vergiftet wurden. Logischerweise fiel im Sommer danach die Kirschen- und Apfelernte katastrophal aus. Im darauffolgenden Jahr wurde es nicht besser. Erst im dritten Jahr kamen die Obstbauern reumütig zu den Imkern und baten, die Bienen zur Zeit der Obstblüte im Land zu lassen. Das führte schließlich zur heute noch üblichen Regelung: Die Obstbauern bezahlten fortan die Imker für jedes Bienenvolk, das zur Blütezeit in Obstgärten aufgestellt wird. Die Versuchsanstalt für Obstbau in Jork bestimmt jeweils, wann die Imker wo ihre Völker aufzustellen haben und wann sie – wegen Obstbaumspritzungen – das Alte Land verlassen müssen.

Solche Wanderbienenhaltung ist weit verbreitet. In der DDR etwa sind die Stände der bienenwirtschaftlichen Großanlagen durchweg auf Achse. Die Wanderwagen beherbergen zwischen 32 und 60 Völker neben einem Arbeitsraum für den Imker. In den Vereinigten Staaten ziehen Großimker mit Hunderten von Völkern von Plantage zu Plantage und leben in erster Linie von den Vergütungen der Obstbauern; der Ertrag aus dem anfallenden Honig samt Nebenprodukten ist von zweitrangiger Bedeutung. In Italien und in der Schweiz regeln Behörden die Zusammenarbeit. Italien garantiert den Imkern Minimalerlöse, und im kirschenreichen Kanton Baselland bezahlen die Gemeinden pro Bienenvolk jährlich zwei bis fünf Franken.

Doch Imker wandern mit ihren Völkern nicht nur einem finanziellen Mehrertrag nach. Sie sind auch auf der Flucht. Schweizer Imker zieht es nach der Apfel- und Kirschblüte in die Voralpen und den Jura. Im milden Mittelland schwinden nämlich die Trachtpflanzen. Das hat mehrere Gründe. Für Bienen wichtige Weidekulturen werden heute schon bei aufgehenden Kleeblüten geschnitten (die Blüte entzieht der Pflanze Nährstoffe) und dadurch den Bienen weggenommen. Die Heuernte findet nicht mehr Mitte Juni, sondern in der Regel bereits Ende Mai statt, und auch zur Gewinnung von Silofutter werden die Wiesen immer früher gemäht. Fazit: Ein erheblicher Teil der früheren Trachtpflanzen kommt überhaupt nicht mehr zur Blüte. Längst ist die Dreifelderwirtschaft einer viel ertragreicheren

Bewirtschaftungsweise gewichen. Damit verschwand die Brache (Land, das im Wechsel der Bewirtschaftung alle drei Jahre brachliegt) mit nektarreichen Kleesorten, Korn- und Flockenblumen. Mit ihr gingen auch die Hecken und deren Bienensträucher wie Weide und Ginster.

In der Bundesrepublik zieht es jährlich 13000 Imker zur Zeit der Rapsblüte nach Ostholstein und Fehmarn. Im Sommer konzentrieren sie sich im Schwarzwald, wo die Immen Blattlausnektar sammeln. Im Spätsommer zur Heideblüte schließlich hält die Lüneburger Heide allein 500 Imker aus der Stadt Hamburg in Trab. Bienen sammeln, so wird in der Schweiz erzählt, gelegentlich auch außerhalb der Legalität. Ihr transportables Heim wird dazu an einen Ort an der italienischen Grenze gestellt, wo auf der anderen Seite italienische Blütenpracht lockt. Milligrammweise und ohne Deklarierung tragen die Bienen die Süßigkeit dann nach Hause, wo das Schmuggelgut aus den Waben geschleudert wird und als »echter Schweizer Bienenhonig« Käufer findet. Doch im allgemeinen begegnen eidgenössische Imker ausländischen Importen mit Vorsicht. »Mit ausländischem Honig«, so der Zürcher Biologe Peter M. Ronner, »werden immer wieder Bienenseuchen eingeschleppt, namentlich die verheerende Faulbrut, deren Erreger in Form winziger Sporen von einem tausendstel Millimeter Länge im Honig schwimmen. Geraten Bienen an die offene Packung derart verseuchten Honigs, so verschleppen sie die Seuche in ihr Volk.«

In der Schweiz gibt es Gegenden, in denen Bienenvölker kaum gehalten werden können, weil hier aus bestimmten Hotelbetrieben regelmäßig geöffnete Portionenpackungen mit Frühstückshonigresten auf offene Abfalldeponien gelangen. Die werden von den Bienen rasch gefunden und säuberlich ausgeleckt. Sobald nun eine Honiglieferung keimverseucht ist – für den Menschen sind die betreffenden Erreger harmlos –, bricht die entsprechende Bienenseuche aus.

Die vom Menschen gesteuerten Wanderungen ganzer Bienenvölker samt Wohnung bringen aber noch ein weiteres Problem: die unbeabsichtigte Kreuzung verschiedener Rassen. Gelingt es dem Imker nicht, die jungen Königinnen und mit ihnen ganze Völker im

Frühsommer in »Belegstationen« völlig isoliert von fremdrassigen Drohnen zu halten, ist jahrzehntelanger Züchterfleiß umsonst gewesen. Denn die junge Königin verläßt zum Hochzeitsflug vorübergehend den Stock und findet ihren Paarungspartner selbst. Wahrscheinlich spielen dabei genetische Merkmale wie »ausgeprägter Sammelfleiß«, »gute Volksentwicklung«, »Sanftmut« oder »geringe Krankheitsanfälligkeit« keine Rolle.

Ungewollte Rassenmischungen ereignen sich häufig, zumal Drohnen im Gegensatz zu Arbeitsbienen weit fliegen. In der Schweiz etwa, wo zwei Bienenrassen gehalten werden, schaffen unkontrollierte Bienenhochzeiten Probleme. Neben der »Schweizer Landrasse« *(Apis mellifica mellifica* oder »Nigra«) breitet sich von der Westschweiz her die Krainer- oder Balkanbiene *(Apis mellifica carnica)* aus. Ihr wird noch größerer Fleiß, noch geringere Krankheitsanfälligkeit, noch raschere Entwicklung zum zahlenstarken Volk und vor allem auffällige Sanftmut nachgesagt, alles erwünschte Qualitäten. Die Nachkommen eines unkontrollierten Hochzeitsfluges können jedoch alles andere als erwünscht sein, jedenfalls was die Sanftmut anbelangt. Die Kreuzung zweier Rassen erbringt Nachkommen mit einer typischen Eigenschaft der Wildbienen: Verteidigung von Volk und Stock durch Stich.

1956 kam es zu solchen unerwünschten Kreuzungen in Brasilien. Warwick E. Kerr vom Bienenforschungsinstitut bei São Paulo importierte Afrikanerinnen der Rasse *Apis mellifica adansonii* für seine Versuche. Durch ein Versehen wurden die Behälter geöffnet. 26 von 36 Königinnen suchten mit ihren Völkern das Weite. Was man dann lesen konnte, war wie von Hitchcock inszeniert. Die Drohnen der »wilden« Afrikaner zeugten mit den ansässigen »zahmen« Prinzessinnen die »Mörderbiene«. Dabei kam es offenbar zu Bastarden, bei denen sich eine bienentypische Verhaltensweise in bisher nie gesehener Weise zuspitzte. Sieht sich oder wähnt sich eine Biene in Gefahr, sondert sie einen warnenden Duftstoff ab, der die Stammesgenossinnen zum mehr oder minder geschlossenen Angriff auf den (vermeintlichen) Feind anstachelt.

Nicht genug, die »Killerbienen« begannen sich rasch auszubreiten, eroberten zuerst Brasilien und ziehen jetzt nordwärts. Jedes Jahr, so die Experten, schieben sie ihre Fronten um rund 300 Kilometer nach vorn. Damit könnten sie Mitte der neunziger Jahre die Vereinigten Staaten erreicht haben – falls sie es überhaupt schaffen. Es ist nämlich alles andere als sicher, ob diese tropischen Bienen in Klimabereichen mit harten Wintern überhaupt überwintern können – trotz ihres enormen Honig-Winterreservoirs, das nach Roger A. Morse von der Cornell University gut anderthalbmal so groß ist wie dasjenige herkömmlicher Honigbienen aus Brasilien. »Nicht verwunderlich«, so Morse, »daß die größere Ernte die Kosten für eine stichsichere Unterkleidung lohnt.« Jedenfalls wird die Mörderbiene populärer.

Doch auch bei uns sind Bienen gut für Schlagzeilen. In Europa, so war zu lesen, gehen »die Bienenmörder« um. Schlagzeilenautoren forderten »Keuschheitsgürtel für die Bienenkönigin«. Der Schreckruf lautet: »Varroa ante portas!« 1904 wurde die anderthalb Millimeter lange, ovale Milbe *Varroa jacobsonii* erstmals als Parasit und Erreger der nach ihr benannten Varroatose in Java und 1964 in Ostasien und in Südchina festgestellt. Später fand man sie in Indien, Pakistan, Indonesien und auf den Philippinen. Im Jahre 1970 schließlich überzogen die Milben weite Teile der europäischen Sowjetunion. Sie reisten mit der Transsibirischen Eisenbahn, wenn ukrainische Imker, die als Strafgefangene oder als Kolonisten im südlichen Ostsibirien eingesetzt waren, zu ihren Bienen heimkehrten.

Im Süden vollzog sich die Ausbreitung durch schwärmende Drohnen oder durch Imker, die milbentragende Königinnen über Landesgrenzen schmuggelten. Jedenfalls überwand der Parasit seine natürlichen Grenzen, die zentralasiatischen Hochgebirge und die Wüsten von Afghanistan und Iran. 1972 erschienen die Milben in Hessen. Unerkannt von Spezialisten saßen sie an den Bauchtaschen am Hinterleib oder zwischen Kopf und Brust von Königinnen, die das Bienenforschungsinstitut der Universität Frankfurt für seine Forschungsstation in Oberursel aus Pakistan eingeflogen hatte. Erst fünf Jahre später wurde der Schaden sichtbar. Die Arbeiterinnen ganzer Völker waren geschwächt. Die Parasiten hatten die Haut Hunderttausender von Bienen durchbohrt, Blut abgesogen und ihnen Krankheitserreger übertragen. Mehr noch: Jungbienen schlüpften völlig verkrüppelt aus den Brutzellen, in welche die Varoa-Weibchen ihre Eier gelegt hatten. Zudem: Die Milbe hatte sich bereits in einem Umkreis von 50 Kilometern um Oberursel ausgebreitet. Nun wurde ihr der Kampf angesagt: Tausende von Bienenvölkern wurden mit verdampfter Ameisensäure behandelt: der Milbenbefall wurde erheblich gesenkt. Man entfernte die Bienenbrut und nahm den Milben damit ihre Aufzuchtstätte.

Schließlich kam das umstrittene Pflanzenschutzmittel K-79 (Chlordimeform-hydrochlorid) zum Einsatz. Milbenbefall wurde meldepflichtig, und Verordnungen zum Tierseuchengesetz schränkten die Mobilität der Wanderimker ein, nicht aber die der Drohnen, die von Varosa am stärksten befallen werden und leicht 30 Kilometer weit wandern können. »Die tonangebenden Leute der Imkerschaft«, so meinte ein Fachmann, »sollen sich darüber klar werden, daß die Zeit vorbei ist, in der man glaubte, Schwierigkeiten in der Tierhaltung in erster Linie mit Arzneimitteln überwinden zu können. Andere Sparten der Tierhaltung haben schon genug Schaden dadurch erlitten, und die Imkerei ist hier besonders anfällig.«

Allen Erfolgsmeldungen zum Trotz: Fortan muß *Apis mellifica,* unsere Honigbiene, mit dem Parasiten ihrer Schwester aus Asien leben. Arteigene Resistenz wird ihre einzige Abwehrmöglichkeit sein, und die notwendige gute Kondition kann ihr vor allem mit genügend Zusatzfutter in nahrungsarmen Jahreszeiten gegeben werden. Damit wird die Imkerei – weitgehend als Hobby betrieben und in ihrer Bedeutung verkannt – nicht billiger.

8. Grenzen

Ökologische Systeme kennen keine Grenzen

Neue Lebensräume werden von ihren Grenzen her erschlossen, das Festland und das Meer also von der sie trennenden Küste. An ihr müssen aus Wasserbewohnern allmählich Landbewohner entstanden sein und später umgekehrt aus landbewohnenden wiederum wasserlebende Formen. Am trennenden Ufer krochen die ersten lungenatmenden Amphibien an Land. Hier robbten die Vorfahren der Robben, Wale oder Meerschildkröten gewissermaßen zurück ins Wasser, und hier entstanden aus flugfähigen Vögeln schließlich flossenflüglige, schuppenfedrige Pinguine, von denen noch vor hundert Jahren niemand richtig zu sagen wußte, ob sie nun eigentlich Fisch oder Vogel seien. Von Ausnahmen wie den Walen abgesehen ist allen diesen Formen eines gemeinsam: Sie suchen zur Fortpflanzung die Grenzen zwischen Land und Wasser auf, weil zum Beispiel die Molchlarven durch Kiemen atmen wie die Fischvorfahren der Amphibien, oder weil Pinguine nicht im Wasser brüten können, und ihre Jungen vorerst ein wasserdurchlässiges Daunenkleid tragen. Folglich legt der Molch, wie die meisten andern landbewohnenden Amphibien, seine Eier im Wasser ab, und folglich zieht der Pinguin, wie die meisten wasserbewohnenden Warmblüter, seine Jungen an Land auf. Kurz: die offensichtliche Grenze teilt nicht, sondern vereinigt verschiedene Lebensgemeinschaften. Diese Regel hat allgemeine Gültigkeit. Deshalb lassen sich die Grenzen von ökologischen Systemen schwer oder überhaupt nicht finden. Jedenfalls liegen sie nicht dort, wo man sie auf den ersten Blick vermuten würde, an topografisch eindeutigen Trennlinien, sondern im Gegenteil: Solche »Grenzen« sind ökologisch ausgesprochen aktive Zonen.

Dazu ein Beispiel: der naturnahe Waldrand aus lichthungrigen Büschen, Jungbäumen, Kräutern und Kletterpflanzen. Er scheidet zwar Wald und Feld als eindeutig sichtbare Linie, doch markiert sie lediglich den Verlauf eines Grenzbandes von unbekannter Breite, das zwei ökologisch auffallend verschiedene Lebensgemeinschaften arten- und individuenreich verflicht. Die offene Landschaft nährt Fuchs und Mäusebussard, die aber ihre Jungen im Wald aufziehen. Der Wald schützt das nahe Feld vor Sturm und Sonne, erobert es mit windverfrachteten Samen seiner Bäume und Sträucher und wird auch selbst erobert: Von Feld- und Erdmäusen etwa, die im Herbst vom Feld ins Waldinnere ziehen und sich dort unter anderem von Wurzeln ernähren, Bäume dadurch töten und folglich der offenen Landschaft neues Terrain hinzu gewinnen können.

Der Zürcher Biologe Hansruedi Wildermuth maß die auffallende Artenhäufigkeit am Waldrand, indem er alle Pflanzenarten zählte, die er auf 75 Meter langen Strecken entlang von Waldrändern fand. Es waren jeweils rund 80. Auf gleich langen Strecken, die senkrecht vom Rand in den Wald hinein führten, ließen sich lediglich 40 bis 45 verschiedene Pflanzenformen finden.

Was für die Produzenten von Nährstoffen und Energie gilt, trifft auch für ihre Konsumenten zu. Die meisten der landbewohnenden Vogelarten zum Beispiel brüten konzentriert am naturnahen Waldrand. Denn die Vielfalt an Strukturen, Nahrung, Deckung und Kleinklima erfüllt die unterschiedlichsten Ansprüche.

»Wo viele Arten hausen«, lehrt die ökologische Theorie, »sind wenige Individuen pro Art die Regel.« Der Waldrand bestätigt diese Regel – mit einer Ausnahme: Nirgends leben zum Beispiel Rehe in so hoher Bestandsdichte wie hier. Das weiß der Jäger, der hier seine Hochsitze baut. Auch der aufmerksame Winterspaziergänger sollte es merken, wenn Schnee die Rehpfade sichtbar macht; denn am Waldrand verdichtet sich das Netz der Wildwechsel, weil in der Vielfalt Ruhe-, Rückzugs- und Nahrungsplätze nahe nebeneinander liegen.

Die große Häufigkeit von solchen lebensnotwendigen Fixpunkten auf kleinem Raum wiederum wirkt günstig auf den Energiehaushalt: Weder zuviel Zeit noch Kraft müssen für Ortswechsel aufgewendet werden. Für eine Tierart, die wie das Reh täglich wenigstens siebenmal den kleinen Pansen füllen und die wählerisch aufgenommenen Knospen und Kräuter an sicherem Ort stundenlang wiederkäuen muß, bevor sie sie überhaupt verdauen kann, schlägt das Ersparte anderweitig zu Buche: Im Gewicht und somit in der Kondition. Rehböcke aus waldreichen Revieren wiegen durchschnittlich 3 Kilogramm mehr als andere, fand der Wildbiologe Hannes Sägesser in hessischen Revieren.

Auch für abhängige Jungtiere müssen Posten im Energie- und Zeitbudget der Eltern freigemacht werden. Eine der denkbaren Voraussetzungen dazu ist: Die Aufzucht muß in vielfältigen und damit grenzreichen Räumen stattfinden, wie das Beispiel der Kragenbären im Dachigam-Reservat von Kaschmir zeigt. Die Bärinnen bringen ihre ein bis drei Nachkommen ausschließlich in und am Rande von Auwäldern hoch, wo verschiedenste Pflanzengesellschaften engräumig ineinander verschachtelt sind. Sonnenlicht erreicht Grenzen von Wald- und Buschgebieten meist besser als ihr Inneres und stimuliert Laub- wie Blütenwachstum. Folglich finden die Muttertiere in grenzreichen Gebieten hochwertige Beeren-, Frucht- und Nußnahrung auf kleinem Raum und rasch genug, daß ihnen noch ausreichend Zeit bleibt, die anspruchsvollen Jungen zu schützen, zu ernähren und anzulernen. Die Jungen verbringen nämlich den Tag ganz anders als die Erwachsenen: Sie schlafen viel im Dickicht und spielen an der Sonne. Von einem zum andern Ort werden sie auf dem Rücken der Mutter transportiert. Sie müssen wenigstens so lange gestillt werden, bis sie von der Mutter gelernt haben, wie man Steine mit den Vorderpfoten umdreht, um an schmackhafte Ameisenbrut zu gelangen, wie man Äste von Brombeerbüschen und Maulbeerbäumen umarmt und zu Boden vor die nimmersatte Schnauze biegt, wie man auf Eichen und Walnußbäumen Plattformen aus Ästen baut, um sich in nützlicher Frist im Spätherbst – für Kragenbären der allerletzte Zeitpunkt – das für den sechsmonatigen Winterschlaf nötige Fettpolster anzufressen.

Um grenzreiche Lebensräume, die die Arterhaltung beim Kragenbären überhaupt erst ermöglichen, kämpfen Muttertiere gegen Artgenossen: Männchen werden weggebissen, schwache Rivalinnen und ihr Nachwuchs in eintönigere Gebiete vertrieben. Kurz, für ein ungestörtes Leben in energiekostenarmen Grenzgebieten ist großer Aufwand nötig.

Unter größtem Energieaufwand ziehen im Frühjahr Hunderttausende von wandernden Vögeln an den längsten »Waldrand« überhaupt – die Grenzzonen zwischen der Taiga, dem nordischen Nadelwaldgürtel, und der Tundra, der arktisumspannenden Kältesteppe. Ringelgänse reisen noch weiter, nämlich an den Rand des Eismeers, wo sie während zwei oder drei schneefreier Sommermonate ihre Jungen aufziehen. Dann fliegen sie wieder südwärts an andere Grenzen, zum Beispiel an die westeuropäische Atlantikküste mit Zwischenhalt am Watt der deutschen Nordseeküste.

Diese Zone zwischen Meer und Land wird seit Jahrzehnten nicht mehr nur von Gezeitenstrom und Springfluten gestört. In zunehmendem Maße wird sie vom Menschen verändert, was sich wiederum in Bestandsschwankungen und sogar im Verhalten der nur entengroßen Wildgänse äußert: In den sechziger Jahren starb der Tang an einer Pilzkrankheit und mit ihm die meisten der Hunderttausende von Ringelgänsen. »Seegras« war damals ihr bevorzugtes Futter. Die rund 40000 Überlebenden vermehrten sich inzwischen auf 150000 bis 200000 Tiere, weil es ihnen gelang, sich auf neue Nahrung umzustellen, die »Salzgräser« auf regelmäßig vom Meer überschwemmten Halligen, die Bauern für ihr Vieh dem Watt abgerungen haben. Zunehmend werden Halligen nun eingedeicht. »Süßgräser« und Getreide wachsen jetzt an der Grenze zwischen Meer und Land. Und wieder sind die Ringelgänse daran, sich auf die neue Nahrung umzustellen. Störungsanfällige Grenzräume, im erwähnten Beispiel das Watt, verändern sich dauernd. Unter neuen Lebensbedingungen überleben aber nur formbare Arten. Eine davon ist bislang die Ringelgans geblieben. Paläontologen meinen sogar, daß störungsanfällige Grenzgebiete bei der Entstehung neuer Arten eine besonders wichtige Rolle spielen. Dazu zwei Beispiele:

Im Laufe des Tertiärs entstanden viele Arten von Landpflanzen und -tieren in den von extremen Klimaschwankungen gestreßten arktischen und antarktischen Grenzräumen. Von dort aus eroberten sie dann gemäßigte Zonen.

Im Cambrium und Ordovicium traten Dreilappkrebse, Muscheln

und Brachipoden vorerst an der Küste auf, von wo aus sie sich erst im Laufe der Zeit in küstenferne Meereszonen ausbreiteten.

Küsten und Ufer boten schließlich aber auch die Voraussetzungen für hochentwickelte Lebensformen des Menschen. Für die Pfahlbau-Siedler am Bodensee wie für die ersten Städtebauer am Tigris, Euphrat oder Indus, für die Wikinger an der Nordseeküste wie die Aztekten in den mexikanischen Sumpfgebieten, bedeuteten Gewässer vor allem billigste Transportwege. Da die Gewässer aber auch launisch und gefährlich sein konnten, zwangen sie die Menschen dauernd zu technologischen Innovationen beim Bau von Häusern, Schiffen, Dämmen und schließlich auch Bewässerungskanälen. An Material dazu fehlte es an Küsten und Ufern nicht, ebensowenig an menschlichen Hilfkräften. Nirgendwo sonst auf der Welt können Menschen seit jeher in so hoher Bevölkerungsdichte leben wie an Ufern und Küsten. Denn nirgendwo sonst fixieren Pflanzen so viele organische Substanzen, die in Nährstoffketten – wenigstens zum Teil – bis zum Menschen fließen. Diese »Primärproduktion« beträgt an Flußmündungen, Korallenriffen, in Küsten- und Auwäldern jährlich pro Quadratmeter 10000 bis 20000 Kilokalorien beziehungsweise 42000 bis 84000 Kilojoule. Dies entspricht pro Minute und Quadratmeter durchschnittlich einer Energiemenge, die nötig wäre, um 30 Liter Wasser von 15 auf 16 Grad zu erwärmen, oder um ein Gewicht von 120 Kilogramm 10 Zentimeter anzuheben. Gleich große biologische Kraftakte erbringen höchstens mit Kunstdünger und Maschinenkraft gedopte Monokulturen, zum Beispiel ein Zuckerrohrfeld, das jedoch lediglich eine einzige, vergleichsweise winzige Funktion erfüllt – es liefert nur ein einziges Nahrungsmittel für den Menschen.

Die natürlichen Hochleistungssysteme im Übergangsfeld zwischen Wasser und Land dagegen wirken vielfältig, eine Tatsache, die in jüngster Zeit leider allzuoft durch Zerstörung bewiesen wurde:

Korallen und andere riffbildende Organismen schützen gut 400 ozeanische Inseln vor Sturmfluten. Zudem sind sie wichtige Fischgründe und Kinderstuben. In Sri Lanka wurden die natürlichen Bollwerke inzwischen zu Zement verarbeitet. Die Folgen ließen nicht lange auf sich warten. Die einheimische Fischerei brach völlig zusammen, Lagunen verschwanden, küstennahe Kokospalmenhaine und Süßwasserquellen versalzten.

Zwei Drittel der für die Fischereiindustrie wichtigen Meerestierarten leben – zumindest als Jungtiere – in Flußmündungs- und Mangrovengebieten. Die zunehmende Verschmutzung und Zerstörung solch wichtiger Grenzzonen verursacht allein der amerikanischen Fischerei alljährlich Verluste von 86 Millionen Dollar.

Die jüngsten Springflutkatastrophen im Golf von Bengalen haben jeweils auf Tausenden von Quadratkilometern menschliches Leben, Ernten, Städte und Straßen verwüstet. Zurückgeführt werden sie auf die Tatsache, daß die küstenbegleitenden, das Hinterland schützenden Mangrovenwälder fast völlig abgeholzt wurden.

Just diese dichtbesiedelte Region wird aber durch eine noch verheerendere Katastophe gepeinigt: Verlust von fruchtbarem Boden infolge der Zerstörung natürlicher flußbegleitender Lebensgemeinschaften. Allein der Ganges, dessen natürliche Ufer praktisch total verstümmelt sind, entlädt jährlich anderthalb Milliarden Tonnen von Geschiebe ins Meer. Das sind durchschnittlich anderthalb tausend Tonnen von jedem einzelnen Quadratkilometer oder anderthalb Kilogramm von jedem einzelnen Quadratmeter Boden seines Einzugsgebiets. Der Nil dagegen mit einem dreimal größeren Einzugsgebiet als der Ganges trägt zwölfmal weniger Geschiebe ins Mittelmeer. Weite Strecken seines Laufs werden nämlich noch von natürlichen Lebensgemeinschaften begrenzt. Die Kulturlandschaft kannte bis zu Beginn dieses Jahrhunderts eine Reihe von natürlich belassenen Grenzelementen wie Auwaldstreifen entlang der Flüsse oder Schilfgürtel an den Seen. Die Schutzwaldgürtel in den Alpen, die natürlichen Bollwerke gegen Lawinen, Erdrutsche und Steinschlag werden sogar schon seit dem 13. Jahrhundert durch Bannwaldgesetze geschützt. Noch älter dürften die feld- und ackerbegrenzenden Hecken sein, Schutzstreifen, die auf schwer anbaubarem Land nicht gerodet wurden oder später dort wuchsen.

Hecken sind Grenzen par excellence – nichts anderes nämlich als Waldränder ohne Wald. Doch das reicht schon aus, um die Gewalt des Windes zu brechen, damit Bodenabtragungen, Austrocknung von Boden und Pflanzen auf den Feldern zu verhindern, und die Taubildung zu fördern. All dies steigert den Ernteertrag: Gerste, Hafer, Roggen, Sonnenblumen und Karotten, so zeigten Untersuchungen aus Dänemark und der Ukraine, bringen auf Äckern, die alle 300 Meter durch Hecken unterbrochen sind, ein Viertel mehr Ertrag, als auf heckenlosem Glände. Rodung der Hecken rationalisiert zwar den Landbau, die natürliche Bodenfruchtbarkeit verschwindet aber. Denn mit Hecken und Feldgehölzen geht auch der Humus. Das klassische Beispiel dazu lieferten in den dreißiger Jahren die amerikanischen Bundesstaaten Colorado, Tennessee, Oklahoma und Mississippi: Rücksichtslose Abholzung von Hecken und Feldgehölzen zerstörte hier indirekt 120 Millionen Hektar Äcker und Weiden, weil der Wind in der plötzlich ungeschützten Landschaft täglich so viel fruchtbaren Boden davontrug, wie für 200 Farmen von je 16 Hektar Fläche nötig wären.

Fruchtbarer Boden wird zunehmend auch in Schleswig-Holstein vom Winde verweht. Hier verschwand seit 1950 wenigstens ein Drittel der »Knicks«, 25000 Kilometer Waldhecken aus Büschen, Eichen, uralten Kirsch- und Birnbäumen. Seither schlüpfen jährlich drei Millionen Vögel weniger.

Heute werden vielerorts – wenn auch zögernd – aus Gründen des Natur- und Landschaftsschutzes Hecken wieder neu angepflanzt; mehr noch: Die traditionellen Schutzgürtel werden in zunehmendem Maße selbst zum Schutzobjekt, das es wie andere naturnahe gebliebene Lebensgemeinschaften gegen Landhunger und Umweltgifte zu erhalten gilt. Damit entstehen neue Grenzen, Grenzen zwischen genutzten und übernutzten Lebensgemeinschaften einerseits und naturnahen Inseln anderseits. Diese können, das sei vorweggenommen, zwar ebenso anziehend wie natürliche Grenzen auf Mitglieder beider Systeme wirken, die sie trennen. Folglich können auch sie reich sein an Auseinandersetzungen. Doch daraus ergeben sich weder hohe biologische Produktion noch Innovation, geschweige denn großräumig wirksamer Schutz. Im Gegenteil: An ihnen kann sich – was jetzt zu zeigen ist – die noch naturnah gebliebene Lebensgemeinschaft allmählich aufreiben.

Auf den Grünstreifen entlang von Geleisen, Autobahnen, Straßen und Wegen soll – so das Eidgenössische Bundesamt für Umweltschutz – wenigstens die Hälfte der schweizerischen Wildpflanzenarten ein Rückzugsgebiet erhalten. Der Vorschlag fürs pflegeleichte Naturgrün findet allgemeine Zustimmung. Das jetzt rasch entstehende »Reservat« mit einer Gesamtfläche von 643 Quadratkilometern ist rund dreimal größer als der Schweizer Nationalpark und ebenso groß wie die 400 vom Schweizer Bund für Naturschutz verwalteten Reservate zusammen. Doch das beachtliche jüngste Kind freund-eidgenössischer Naturschutzplanung hat leider einen geometrischen Schönheitsfehler: Es ist zu leptosom geraten mit seiner geradezu unheimlichen Länge von 259374 Kilometern und seiner lächerlichen Breite von nur einem bis höchstens zehn Metern. Kurz: Ihm fehlt das nötige Hinterland. Es besteht praktisch nur aus planerisch festgelegten Grenzstrichen, die es zudem überhaupt nicht schützen können:

- Der nackte Straßenrand entblößt die Maus zur vermeintlich leichten Beute für Eule und Greife. Alle drei zermalmt früher oder später der Autoreifen.
- Die natürlichen Blütensignale entlang der Gotthardbahn locken Bienen, Hummeln und Falter – alle Viertelstunden in die Todesfallen von Turbulenzen der durchrasenden Züge.
- Spritzen die Bauern im Baselland Insektizide, so bringen die Neuntöter in den Dornbuschhecken entlang der nahen Autobahnen ihre Brut nicht mehr auf, weil sich das Gift in Nahrungsketten bekanntlich anreichert. Schickt dagegen der wilde Grünstreifen einen zarten Pionier auf Gleisschotter oder Asphalt, so wird der sofort weggehackt-, -gebrannt, -gespritzt.

Nach dem Motto »Soviel wie nötig – so wenig wie möglich« (R. Pedroli, Direktor des Eidgenössischen Bundesamtes für Umweltschutz) haben immerhin schon die Hälfte der Gemeinden und 6 von 33 Nationalstraßenwerkhöfen auf die Anwendung von Herbiziden auf den Grünstreifen verzichtet, was sicher »soviel wie möglich« ist, leider aber nicht »soviel wie nötig« wäre, um den allmählichen Artentod zu verhindern. Denn nach wie vor werden Tiere an den Grenzen ihres Lebensraumes getötet. Sind es mehr, als im gleichen Zeitraum im grünen Streifen geboren werden, so ist ihr Verschwinden lediglich eine Frage der Zeit. Damit verschwinden im gehegten Band früher oder später auch die von ihnen abhängenden Pflanzen. Was schließlich übrig bleiben wird, ist eine artenarme Anpassergemeinschaft.

Selbst Naturschutzgebiete sind vor Artenschwund nicht sicher. Dies nicht zuletzt wegen ihrer Grenzkonflikte. Topografisch logische Grenzen sollten zum Beispiel mit Bergrücken zusammenfallen wie etwa beim Aletschwald-Reservat im Wallis. Doch just am Grat versammeln sich auf ganz bestimmten Balz- und Ruheplätzen die Birk- und Schneehühner des Schutzgebietes und damit genau dort, wo Bahnstationen und Bergrestaurants Abertausende von Menschen aus dem Tourismusgebiet von Betmeralp konzentrieren. Die von ihnen verursachten Störungen zerstreuen den Wildhühnerbestand, schwächen ihn zumindest, was sich wiederum im Fortkommen von Pflanzen niederschlägt, deren Samen durch Wildhühner verbreitet werden.

Als noch konfliktreicher entpuppen sich Grenzen, die wie etwa im Leusermassiv auf Nordsumatra, einem der größten Regenwaldgebiete der Alten Welt, im Tal verlaufen. Auf der einen Seite des Alas-Tales kann hoffentlich ein Teil des artenreichen Tiefland-Regenwalds des sonst gebirgigen Leuser-Reservats erhalten werden. Auf der andern bleibt den Siedlern fruchtbarer Schwemmlandboden zur Nutzung überlassen. Was aber theoretisch durchaus sinnvoll erscheint, entlädt sich in der Praxis zum Konflikt, etwa dann, wenn Elefanten den Wald verlassen und Reis fressen, wenn Orang-Utans ihre Fruchtnahrung in den Durian-Bäumen am Feldrand suchen, oder wenn Tiger unter Haustieren leichte Beute machen. Alle drei können unter dem Vorwand des Selbstschutzes weiterhin gewildert werden, was sich allen internationalen und nationalen Schutzbestrebungen zum Trotz in fallenden Bestandszahlen äußert.

Nur sehr breite Übergangsräume könnten Reservate vor Störungen von außen schützen und damit der Verarmung ihrer Lebensgemeinschaften entgegenwirken. Doch wo findet sich Raum für solche Pufferzonen, wenn er häufig schon für die Errichtung von Reservaten fehlt?

9. Inseln

Artenvielfalt und Inselgröße

In den letzten 25 Jahren fielen jede Minute 21 Hektar Regenwald rodenden Motorsägen zum Opfer. Allein in der kleinen Schweiz verschwindet pro Sekunde ein Quadratmeter fruchtbarer Boden auf Nimmerwiedersehen unter Beton. In den letzten 25 Jahren war das immerhin fast die Fläche des Kantons Thurgau.

Die Hälfte der afrikanischen Steppen, auf denen noch zu Beginn des Jahrhunderts Abertausende von wilden Elefanten wanderten, wichen Viehweiden und Ödländern, die rasch zur Wüste wurden.

Naturschützer kämpfen in Rückzugsgefechten: Sie schaffen Reservate und kaufen – wenn's nicht anders geht – erhaltenswerte natürliche Lebensräume und schützen sie so vor Zugriff, Nutzung und Zerstörung. Riesige Landstriche außerhalb der Reservate müssen dagegen der Zivilisation überlassen werden. In der Bundesrepublik fallen nach strengen internationalen Kriterien nur eineinhalb von tausend Quadratmetern unter Naturschutz.

19 Prozent der bundesdeutschen Naturschutzgebiete sind höchstens 5 Hektar groß: knapp das Sommerrevier eines ausgewachsenen Rehbocks. 57 Prozent sind zwischen 10 und 200 Hektar groß und damit zu klein, um auch nur einem gesunden Feldhasenbestand Lebensraum zu bieten. Lediglich eines unter 200 Naturschutzgebieten mißt über 100 Quadratkilometer und könnte knapp ein Rudel Wölfe oder eine Handvoll Luchse beherbergen – falls man sie überhaupt wollte.

Selbst Tansanias Serengeti-Nationalpark (12950 Quadratkilometer) kann wandernden Huftierherden nicht ganzjähriges Asyl bieten. Und der Wood-Buffalo-Nationalpark in Kanada (44807 Quadratkilometer), ein Gigant unter den Reservaten der Welt, ist zu klein, um seine Bisonherden vor Haustierkrankheiten zu schützen. Die mächtigen Wildrinder müssen regelmäßig eingefangen und geimpft werden.

Reservate werden zusehends zu Inseln in genutzter, übernutzter, geplünderter Kulturlandschaft. Aber genügen diese Inseln zur Erhaltung funktionsfähiger ökologischer Systeme, zur Sicherung genetischer Vielfalt und zur nachhaltigen Nutzung natürlicher Reserven? Ohne sie – so die Internationale Union zur Erhaltung der Natur und der natürlichen Lebensräume (IUCN) in ihrer 1980 erschienenen ›Welt-Naturschutz-Strategie‹ – ist ein Überleben des Menschen in Frage gestellt.

Der Vergleich mit wirklichen, ozeanischen Inseln drängt sich auf: Seit Charles Robert Darwin im Galapagos-Archipel und Alfred Russel Wallace auf den Kleinen Sunda-Inseln vor einem Jahrhundert Material für ihre weltbewegende Evolutionstheorie sammelten, benutzen Biologen Inseln als Studiengebiete.

Die wissenschaftliche Klausur auf Eilanden macht methodisch schon Sinn: Wer sich mit Ökologie etwa auf der kleinen Galapagos-Insel Jervis (0,5 Quadratkilometer) beschäftigt, braucht lediglich 7 Pflanzenarten unterscheiden zu können. Frank Klötzli dagegen, der im Schweizer Mittelland das Nahrungsspektrum des Rehs bestimmte, mußte über 600 Arten kennen. Halb so viele, nämlich 325, kommen auf Albemarle (5757 Quadratkilometer) vor, der größten Insel im Galapagos-Archipel.

Der langen Rede kurzer Sinn: Kleine Inseln beherbergen weniger Arten als große oder gar Kontinente. Dieser erste Lehrsatz der »Inselökologie« gilt gleichermaßen für die Reptilien, Amphibien oder Käfer der Westindischen Inseln, die Ameisen Melanesiens oder die Wirbeltiere auf den verschiedenen Inseln des Michigan-Sees.

Er gilt aber meist auch für den Vergleich der Artenvielfalt innerhalb sich ähnelnder Reservate: Seit dreißig Jahren spricht man im brasilianischen Staat São Paulo zu Recht von Dschungelinseln. Denn der größte Teil des Regenwaldes, in dem einst 203 Vogelarten brüteten, wurde bis auf kleine Reste gerodet. Auf einer dieser Urwaldinseln, dem 14 Quadratkilometer großen Barriero Rico, zählte der amerikanische Ornithologe E. O. Willis 175 der ursprünglich 203 Arten. Jede siebente war verschwunden. Im nur noch zweieinhalb Quadratkilometer großen Restwald von Santa Genebra sind bereits zwei von fünf der ehemaligen Brutvogelarten weg. Und auf dem

Gelände der Universität von São Paulo, wo lediglich noch ein fünftel Quadratkilometer ursprünglichen Waldes steht, fehlen schon zwei Drittel der ursprünglichen Avifauna.

Nicht nur tropische Wälder verkommen zu artenarmen Inseln. Sämtliche natürlichen Lebensgemeinschaften der Erde schwinden, seien es nun Savannen, Korallenriffe, Nadelwälder oder Feuchtgebiete. Je kleiner solche Isolate sind, um so weniger Arten leben in ihnen. Dies trifft auch für die Wasservogelgebiete zum Beispiel der Schweiz zu: Das größte unter ihnen, Fanel et le Chablais de Cudrefin (1150 Hektar), beherbergt 14 seltene, dort brütende Vogelarten; das Ermatinger Becken am Bodensee (800 Hektrar) 9 und die Bucht von Gwatt (17 Hektar) 3.

Die triviale Regel, daß die Größe eines Areals die Anzahl der darauf lebenden Tier- und Pflanzenarten mitbestimmt, gilt auch für einzelne Ausschnitte von zusammenhängenden Ökosystemen. In der kleinen Kiesgrube von Kloten bei Zürich leben sieben Amphibienarten, im Kanton Zürich sind es 14, in der ganzen Schweiz 16 und in Europa 45.

Daß der Botaniker C. B. Williams auf einer Fläche von zweieinhalb Quadratkilometern in Surrey lediglich 400 der mehr als 1000 Blütenpflanzen Englands fand, ist ebenso logisch wie die Tatsache, daß sich in der vordersten oder hintersten Reihe, dem linken Drittel oder dem rechten Viertel eines Symphonieorchesters nie alle verschiedenen Instrumente des ganzen Orchesters befinden.

Bleiben wir bei diesem Bild und nehmen folgendes an: Die großen Symphonieorchester (hier stellvertretend genommen für große zusammenhängende Ökosysteme) müßten aus finanziellen Gründen plötzlich aufgelöst werden. Danach versucht jedes einzelne Instrument, einen neuen Job in irgendeiner Kleinformation (stellvertretend genommen für ökologische Isolate, wie sie zur Zeit weltweit entstehen) zu finden.

Obwohl viele Geigen, Kontrabässe, Klarinetten, Trompeten und Posaunen auf diese Weise in Jazzbands, Streichquartetten, Blaskapellen und dergleichen weiterleben, enden die überzähligen Artgenossen auf dem Trödlermarkt. Hier verkommen auch all jene Instrumentenarten, die nur im großen Symphonieorchester ertönen: Triangel, Kesselpauken, Becken.

Solche extravaganten »Instrumente« kommen auch in den großen Ökosystemen vor: Es sind unter anderen die warmblütigen Tierriesen. Homer und Scheherazade irrten: Weder begegnete Odysseus auf Sizilien dem einäugigen Riesen Polyphem, noch traf Sindbad, der Seefahrer, auf irgendeinem Eiland des Indischen Ozeans den gigantischen Vogel Roch. Der Nahrungsverbrauch von warmblütigen Riesen ist wegen ihres immensen Stoffwechsels schlicht zu groß für so engbegrenzte Lebensräume.

Inselformen unter den Vögeln und Säugetieren sind meist klein, um nicht zu sagen zwergwüchsig. Dies trifft selbst auf das Hauspferd zu. Seine nahezu weltweite Verbreitung verdankt es dem Menschen. Auf den Shetland-Inseln, auf der Insel Delft im Norden Sri Lankas oder auf der Kleinen Sunda-Insel Sumba überlebten in genügender Zahl zur Nachzuchtssicherung nur kleinwüchsige Ponys.

Tierriesen sind also zweifellos »Instrumente«, die nur in ökologischen Großformationen überleben können. So auch Elefanten. Selbst wo sie die ihnen als letzte Refugien zur Verfügung gestellten Naturinseln nicht sofort zerstören (und deshalb teilweise abgeschossen werden müssen, wie in Kenias Tsavo-Nationalpark), fürchten die Zoologen ihr allmähliches Aussterben.

Kleine »Inseln« sind Genfallen

In den letzten ungerodeten Wäldern Südindiens leben noch rund 6000 wilde asiatische Elefanten. Rodungen drängen die Tierriesen auf immer kleinere Waldinseln zurück. Hier steigt die Bestandsdichte rasch an. Die Herden müssen zusammenrücken, und die jeweiligen Herdenbullen halten die vorübergehend einzelgängerischen Männchen fern vom Lebensraum der Herden, die oft ganze Reservate für sich allein benützen müssen. Abgedrängte Rivalen suchen dann ihr Futter zwangsläufig in nahe gelegenen Plantagen und Reisfeldern. Hier, außerhalb der Schutzzonen, werden sie wegen der Schäden an Menschen und Ernte, aber auch wegen ihrer Stoßzähne gewildert mit der Folge, daß Bullen zusehends seltener werden. Im

Periyar-Tiger-Reservat, einem der großen südindischen Elefantenschutzgebiete, leben noch fast 600 Elefanten. Davon sind jedoch höchstens zwei Dutzend Tiere zuchtfähige Bullen. In kleineren Reservaten sind Männchen noch seltener.

Mit jedem gewilderten Bullen verschwindet nicht nur ein Vertreter einer bedrohten Art. Auch genetische Erbinformationen gehen für immer verloren. Damit kann ein unbedachter Eingriff von heute schon morgen das Überleben der Restbestände in Frage stellen. Verlust von Erbinformationen bedroht aber nicht nur letzte Elefantenherden:

- Im Shimba-Hill-Reservat von Kenia leben noch rund 25 Pferde-Antilopen. Alle in den letzten 15 Jahren geborenen Nachkommen stammen vom selben Vater ab.
- Die zur Zeit wieder in den Halbwüsten des Nahen Ostens angesiedelten Arabischen Oryxantilopen sind Halbgeschwister.
- Einen ähnlichen Inzuchtverband bilden mit Sicherheit auch die letzten zehn Alpenbären im norditalienischen Trentino.
- Das angeblich letzte Dutzend wildlebender Javatiger, sollte es überhaupt noch Nachkommen aufbringen, verfügt über einen verhältnismäßig kleinen Teil der Erbinformation seiner einst über die ganze Insel verbreiteten Rasse.
- Auch die letzten 14 indischen Leierhirsche von Manipur, die erst wiederentdeckt wurden, sind genetisch verarmt im Vergleich zu den abertausendköpfigen Herden ihrer Vorfahren auf den schwimmenden Savannen des Longtak-Sees.

Unter den seltenen Tierarten, die noch in freier Wildbahn leben, herrschen, was die genetische Vielfalt anbelangt, längst zooähnliche Zustände. Das bedarf der Erklärung: Hinter Graben, Glas und Gitter gebären heute selbst Gorillas und Geparden – fast durchweg Arten, deren Nachzucht in Gefangenschaft noch vor Jahrzehnten problematisch war. Fraglich bleibt jedoch, ob sich dieser zahlreiche Nachwuchs auch über viele kommende Tiergenerationen erstrecken wird. Dies wäre schon aus Gründen des Artenschutzes wünschenswert. Aber da Zoozuchtgruppen meist klein sind, ist damit aus Inzucht-Gründen die Gefahr gegeben, daß Gene, die den Organismus schwächen, nicht wie in großen Tierbeständen, unterdrückt und mischerbig vorkommen, sondern reinerbig, und damit negativ wirksam werden. Denn solche reinerbigen Nachkommen leben nicht nur weniger lang, sie sind auch krankheitsanfällig und bringen, wenn überhaupt, weniger Nachkommen.

Inzuchtverbände vieler Wildtiere, so Michael Soulé von der Universität von Kalifornien, sterben meist innerhalb von 3 bis 25 Generationen aus. Das Schicksal der Nördlichen See-Elefanten von Guadelupe scheint dem zu widersprechen. Obwohl ihr Bestand um 1890 infolge Überjagung auf weniger als 100 Tiere zusammengeschmolzen war, schätzt man heute wieder einen geschützten Bestand von 15000 See-Elefanten. Offenbar überwinden sie den Inzuchtschock der Reinerbigkeit; so auch die in den Alpen wieder angesiedelten Steinböcke, oder die in Neuseeland ausgewilderten europäischen Rothirsche. Ihre heute hundert- und tausendköpfigen Bestände gehen auf ganz wenige Elterntiere zurück.

Das Zeichen des genetischen Artentodes trägt dennoch jedes dieser Tiere in sich, und die Anfälligkeit der Nachkommen ist schon heute programmiert. Diesen Schluß lassen Blutuntersuchungen beim See-Elefanten zu. Die genetische Vielfalt ist beim Südlichen See-Elefanten im antarktischen Raum, dessen Bestände nie gefährdet waren, bedeutend höher als beim Nördlichen See-Elefanten. Dieser Tierart ging mit dem gewaltsamen Tod Abertausender von Individuen am Ende des letzten Jahrhunderts auch genetische Information verloren.

Unbegrenzte Erhaltung genetischer Vielfalt, so der amerikanische Genetiker Ian Robert Franklin, ist lediglich dann gewährleistet, wenn jeder Generation wenigstens 500 verschiedene Eltern zur Verfügung stehen. Doch in der Praxis ist selbst diese Zahl zu klein: Der Serengeti-Nationalpark, der mit seinen 12950 Quadratkilometern rund hundertmal so groß ist wie der Nationalpark Bayerischer Wald, beherbergt heute nur rund 30 erwachsene Hyänenhunde, die in 5 Rudeln leben. In jedem dieser Rudel, das ist bei gruppenbildenden Wildhunden üblich, pflanzt sich lediglich das ranghöchste Paar fort. In der gesamten Serengeti werden also jedes Jahr nur 10 Hyänenhunde Eltern. Um die 500-Zuchttier-Regel von Franklin zu erfüllen, müßte folglich ein fünfzigmal größeres Gebiet als die Serengeti unter

Schutz gestellt werden, eine Fläche rund dreimal so groß wie die Bundesrepublik. Reservate dieser Größe sind nicht machbar.

Hyänenhunde oder Wölfe, Elefanten oder viele Arten der Urwaldbäume sind selbst in größten ökologischen Systemen ebenso seltene Mitglieder wie die Kesselpauken bei den Wiener Philharmonikern. Müssen diese Tierarten in zu kleinen Reservaten überleben, dann wird die künstliche Naturinsel zur genetischen Falle.

Im supermodernen Kuhstall übrigens findet nichts anderes statt: Hier wie dort können nur wenige bestangepaßte Hochleistungstiere bestehen. Doch Kühe haben es vergleichsweise gut. Ihr Lebensraum wird vom Menschen künstlich erhalten. Ökologische Turbulenzen sind nicht zu erwarten, solange niemand am Thermostaten dreht, das gedämpfte Licht ausschaltet, und solange Wasser und Kunstfutter samt Medikamenten auf Knopfdruck erscheinen.

Kleine Reservate dagegen können nicht in einem künstlichen Status quo erhalten werden. Sie sind störungsanfällig: das Klima kann sich infolge weiträumiger Landschaftsveränderungen in ihrer Umgebung schlagartig wandeln, Wasserquellen können versiegen oder Futterpflanzen sterben aus. Denkbar ist auch das Auftreten einer Krankheit. Kurz: Was während Jahrzehnten über Sein oder Nichtsein der Erbmerkmale einer seltenen Art entschied, kann morgen schon von ganz anderen Umweltmerkmalen abgelöst sein. Ihnen vermag vielleicht kein einziges Individuum zu widerstehen, weil das genetische Material des Inzuchtverbandes viel zu arm ist. Der genetische Flaschenhals infolge Inzucht wird zur Schlinge. Der Artentod ist unausweichlich.

Zukunft der Evolution – chancenlos

Touristen reisen schon deshalb gerne in den Galapagos-Archipel, weil hier weder Säugetiere noch Vögel oder Reptilien vor dem Menschen flüchten. Tiere kleiner Inseln kennen keine Raubfeinde.

In Barro Colorado, dem 17 Quadratkilometer großen Festlandreservat von Panama, ist ähnliches zu beobachten: Größere Säugetiere wie Halsbandpekari, Nasenbär, Gürteltier oder Brüllaffe sind ebenso häufig wie zutraulich. Der Grund dafür ist simpel und logisch: Die großen Fleischfresser, Jaguar, Puma und Harpyie (ein Greifvogel), die sich einst von ihnen ernährten, leben seit dem Bau des Panamakanals nicht mehr in Barro Colorado. Damals wurde ein Fluß gestaut, und aus der Hügelkuppe von Barro Colorado wurde 1914 eine Insel, kurz darauf ein Reservat als Forschungsgelände des Washingtoner Smithsonian-Instituts. Zur Etablierung von Jagdrevieren für große Fleischfresser ist die künstliche Insel zu klein.

Doch auch Pflanzen, Reptilien und kleine Säugetiere verschwanden allmählich in Barro Colorado, ebenso 48 Vogelarten. Unter ihnen waren 18 Arten, die am oder unmittelbar über dem Boden brüten. Ihr Aussterben beruht auf der Zunahme der unbejagten Halsbandpekaris und Nasenbären. Die beiden Allesfresser fraßen ganz einfach zu viele Eier und Nestlinge der Bodenbrüter.

Und so läuft der Artenschwund weiter: Einige der ausgerotteten Vögel sind wahrscheinlich hochspezialisierte Fruchtfresser gewesen. Wo sie nun fehlen, verjüngen sich bestimmte Bäume nicht mehr, weil niemand mehr ihre Samen im düngenden Kot verbreitet. Also sterben auch die Bäume allmählich aus.

Der plötzliche, auf gedankenloser Überjagung beruhende Ausfall großer Raubtiere ist auch in künstlichen Waldinseln Mitteleuropas mitverantwortlich für den allgemeinen Artenschwund: Da Wolf und Luchs von den Überzähligen lebten, mußten Reh und Hirsch nie besondere Mechanismen zur Dämpfung ihrer Nachwuchsraten entwickeln. Also schnellten ihre Bestandszahlen hoch, als die natürlichen Feinde ausfielen. Die moderne Hegejagd unterstützt noch die ökologische Fehlentwicklung (vgl. Kapitel 7, Abschnitt ›Mehr Blattgrün per Blattschuß‹).

Unter dem Druck der hohen Schalenwildbestände starben bevorzugte Nahrungspflanzen, die immer schon selten waren (zum Beispiel viele Orchideenarten), aus, weil der rapid gestiegene Rehbestand mehr abäste als nachwuchs.

Als der artenarm gewordene Unterwuchs sich allmählich lichtete, lichteten sich auch die Bestände der meisten Waldvogelarten. Denn Artenvielfalt und Volumen des Unterwuchses sind eben jene Faktoren, die am stärksten die Siedlungsdichte der Vögel mitbestimmen – so Nikolaus Koch, der als Schüler des wegweisenden Försters Hans Leibundgut ornithologische und ökologische Studien in verschiedenen Laubwaldgesellschaften der Schweiz betrieb.

Arten verschwinden nicht nur auf künstlichen Naturinseln wie etwa dem Reservat von Barro Colorado oder in den mitteleuropäischen Schalenwildrevieren. Auch auf ozeanischen Inseln ist das so. Dazu ein Beispiel: Auf den Channel-Inseln vor dem südlichen Kalifornien starb zwischen 1917 und 1968 jede dritte Vogelart aus. Mit Ausnahme des Wanderfalken, dem Pestizide den Garaus machten, gab es für keine einzige Art einen sichtbaren Grund ihres Verschwindens.

Doch während einige Arten gingen, kamen andere. Unter ihnen erreichte lediglich der Fasan die Channel-Inseln mit Hilfe des Menschen. Die andern Vogelarten eroberten sie selbst.

Die kleinste der Inseln, Los Coronados (2,5 Quadratkilometer), beherbergte 1917 und 1968 elf Arten. Vier waren ausgestorben, vier neu zugewandert. Santa Cruz, mit 246 Quadratkilometern die größte der Inseln, gab 1917 36 Arten Lebensraum. Sechs verschwanden in den folgenden 51 Jahren; sieben neue kamen in dieser Zeit hinzu. Mit ihnen der ausgesetzte Fasan.

Arten, die nicht überlebensfähig sind, werden also ausgewechselt. Die Neuankömmlinge stammen meist vom nächsten Festland. Wahrscheinlich driften sie von ihren Flugrouten ab, finden die Inseln rein zufällig und überleben hier, falls sie die nötigen Lebensgrundlagen dazu finden.

Nun aber beginnt der – scheinbar hoffnungsfrohe – Vergleich zwischen ozeanischen Inseln und letzten Naturoasen zu hinken: Ozeanische Inseln wurden bisher immer von mehr oder weniger benachbarten, artenreichen Regionen aus besiedelt. Doch woher soll Ersatz für Orchideen kommen, die durch Rehe ausgerottet wurden, wenn zwischen dem leergefressenen Revier und dem nächsten, noch intakten Orchideen-Lebensraum viele Kilometer Acker- und Industrieland liegen? Von woher sollen die verschwindenden Fruchtbäume im Urwaldreservat von Barro Colorado ersetzt werden, wenn ringsherum sowohl der Dschungel als auch die samenaustragenden Vögel fehlen? Wie soll Nachschub für die inzüchtenden Hyänenhunde die Serengeti erreichen? Tausende von Quadratkilometern übernutzter Viehweiden umschließen das Reservat, in denen Raubtiere rücksichtslos verfolgt werden.

Arten, die das »Meer« lebensfeindlicher Zivilisationslandschaften nicht fliegend, wie Vögel und Insekten, oder mit Hilfe von Flugsamen oder als blinde Passagiere von flugfähigen Tieren überwinden können, werden nie mehr auf natürliche Weise ersetzt. Und mit dem Ausfall einer einzigen Art sind wiederum neue gefährdet.

Welche Tier- und Pflanzenarten bleiben und welche verschwinden, wenn wichtige ökologische Schlüsselpositionen plötzlich nicht mehr besetzt sind, weiß niemand genau zu sagen. Unsere Kenntnisse reichen dazu nicht aus. Doch bei flugunfähigen Arten läßt sich zumindest abschätzen, wie viele aussterben werden, wenn ihre einst weiträumigen Lebensräume zu kleinen Inseln pulverisiert sind.

Dazu reicht ein Blick in die jüngste erdgeschichtliche Vergangenheit aus. Denn bereits am Ende der letzten Eiszeit ereignete sich weltweit eine Katastrophe, die Teile großer, zusammenhängender Ökosysteme in einzelne Inseln auflöste.

Die Katastrophe nahm ihren Anfang vor 18000 Jahren. Damals begannen die eiszeitlichen Gletscher abzuschmelzen. Im Laufe der folgenden 12000 Jahre hob sich der Meeresspiegel um mehr als 100 Meter an. Dabei wurden Tiefländer überschwemmt und ihre Ökosysteme zerstört. Aus höher gelegenen Arealen entstanden oft Inseln. So etwa Borneo, Sumatra, Java und Bali.

Pflanzen mit flugunfähigen Samen oder landbewohnende Säugetiere (ohne Fledermäuse) konnten die Wasserstraßen zwischen diesen Landbrückeninseln nicht oder nur schwer überqueren. Ein großer Teil der Tier- und Pflanzenwelt auf diesen Inseln mußte also schon vor der Katastrophe hier gewesen sein.

In der Tat beherbergt jede der Großen Sunda-Inseln heute noch Tierarten, die, obwohl sie schlechte Schwimmer sind, auch auf dem malaiischen Festland vorkommen. Doch die Inselfaunen sind, verglichen mit dem Festland, unvollständig und auch voneinander verschieden, was leicht anhand des Vorkommens dreier Arten auf den drei größten Inseln zu zeigen ist: Der Tiger zum Beispiel kommt auf

Sumatra und Java vor, er fehlt dagegen in Borneo. Der asiatische Elefant fehlt auf Java, lebt aber auf den beiden andern Inseln. In Sumatra gibt es keine Bantengs, in Java und Borneo aber schon.

Warum bestimmte Arten auf einzelnen Inseln fehlen, ist weitgehend unbekannt. Bekannt dagegen ist, daß jede der einzelnen Inseln einst artenreicher war. Dies belegen Fossilfunde und Aufzeichnungen. Der Elefant zum Beispiel starb in Java erst vor etwa 1000 Jahren aus, der Tiger in Bali vor wenigen Jahrzehnten.

Nach Vergleichsrechnungen zwischen Artenzahlen auf dem Festland und auf den Inseln lebten einst auf Borneo, der größten Insel, 153 Säugetierarten. Heute sind es 123. Jede fünfte Art ist ausgestorben. Den Berechnungen nach kamen einst auf der kleinen Insel Bali 66 und nicht nur wie heute 19 Säugetierarten vor. Hier verschwanden 7 von 10 Arten. Auf kleinen Inseln vollzog sich demnach der Artenkollaps tiefgreifender als auf großen.

Reservate sind klein, auch die tropischen. Und sie sind heute zum Teil so isoliert wie Borneo und Bali. Rascher Artenkollaps auf ihnen ist gewiß. Vollzieht er sich in der Serengeti, im Nairobi- oder im Tsavo-Nationalpark in gleichem Maße wie einst auf den Großen Sunda-Inseln, so werden allein von den großen Säugetieren in den kommenden 50 Jahren 10 Prozent, in den nächsten 200 bis 500 Jahren 50 Prozent ausgestorben sein, wenn sie nicht schon früher durch Wilderer oder in hoffnungsloser Konkurrenz mit Haustierherden umkommen.

Ähnliches wäre über sämtliche Regionen der Tropen zu berichten, wo immerhin neun von zehn der bekannten Tier- und Pflanzenarten leben. Der Artenkollaps wird zudem nicht nur große Säugetiere erfassen, sondern auch viele Arten von kleinen Wirbeltieren, Insekten und Pflanzen.

Mehr noch, für Vögel und Säugetiere, die nur noch in Schutzgebieten überleben können, kommt die Evolution zum Stillstand, weil selbst große Reservate wie der Wood-Buffalo-Nationalpark, der Tsavo-Nationalpark und die indischen Reservate viel kleiner sind als die kleinsten wirklichen Inseln, Kuba, Luzon oder Madagaskar zum Beispiel, auf denen aus einer Art zwei oder mehr neue entstanden.

Reservate zerstören sich bis zu einem gewissen Grade selbst – so die Prognose aus wissenschaftlicher Theorie und praktischer Reservatserfahrung. Gutwillige Naturschützer können sie in den Wind schlagen und wie gewohnt versuchen, in Reservaten zu retten, was noch zu retten ist. »Wohl nur vorübergehend«, werden realistische Pessimisten dazu sagen. Immerhin: Auf diese mehr gegenwartsorientierte Weise wird der Tod der einen oder andern gefährdeten Art hinausgezögert. So gesehen sind die Biberprojekte in Bayern und der Schweiz, die Operation Tiger in Indien, die Serengeti in Tansania oder Barro Colorado in Panama verdienstvolle Unternehmungen. Wenigstens unseren direkten Nachkommen bleibt so ein kleiner Teil jener unbeschreiblichen natürlichen Vielfalt einer Welt erhalten, die jetzt noch den überentwickelten Ländern ihren selbstzerstörerischen Wohlstand auf Kosten armer Völker wie auch ihrer natürlichen Umwelt ermöglicht.

Fraglich bleibt jedoch, ob solche Reste letzter natürlicher Systeme je ökologisch richtig funktionieren, und ob sie vom Menschen auch genutzt werden können. Ausgesetzte Biber dürfen zwar wieder an einigen noch naturnah gebliebenen Gewässern ihre Burgen bauen, nicht aber ihre Staudämme, mit denen sie einst den Wasserhaushalt ganzer Talräume bestimmten. Man verwehrt es ihnen, weil Bäche Betonkorsetts tragen und in der meliorierten Landschaft rasch zu fließen haben. Die artenschützerische Tat ist somit landschaftsökologisch bedeutungslos.

Ebenso bedeutungslos werden letzte Urwaldinseln sein. Denn sie werden als winzige Rudimente der einst endlos scheinenden Wälder weder Stürme brechen noch bei Trockenheit Wasser spenden. Weder Barro Colorado noch irgendein anderes Regenwaldreservat kommt in Frage als Rohstofflieferant für Abermillionen von Menschen, die heute noch traditionsgemäß den größten Teil ihrer Nahrung, ihrer Heilmittel und Energie aus natürlichen Produkten der Urwälder decken.

Reservate, wie wir sie heute kennen, werden die Welt von morgen nicht überlebensfähiger machen. Konservativer Naturschutz verzögert nur den Zerfall natürlicher Systeme. Das mag mehr Zeit zur Hoffnung geben auf umweltfreundlichere Erfolgsstrategien von Politik und Wirtschaft, zum Beispiel Stopp des Wachstums der menschlichen Bevölkerung und ihres Verschleißes natürlicher Hilfsquellen. Realistische Optimisten sehen hierfür zumindest erste Anzeichen. Doch die Zeit drängt. Täglich verschwinden bedrohte Arten und Ökosysteme, die nie mehr wiederhergestellt werden können.

Fazit: Naturschutz darf nicht allein mit der Taktik eines Rückzugsgefechts geführt werden, das heißt: nicht allein mit der Schaffung von Reservaten. Sicher lohnt jede Spende für Schaffung oder Unterhalt irgendeines Regenwaldreservats. Doch der gefährdeten Lebensgemeinschaft dort ist im Grunde mehr gedient mit dem rigorosen Verzicht auf wertvolle Tropenhölzer für unsere Särge und Wegwerfmöbel, oder auf Fleisch, das auf den ausgemergelten Böden gerodeter Wälder produziert wird.

Besser noch als die Geldhilfe für das bedrohte Moor, den Teich oder den Trockenrasen am Siedlungsrand ist die Wende im eigenen Garten und in den öffentlichen Parkanlagen: Verzicht auf Torf, Kunstdünger und Biozide, exotisches Gesträuch und fetten Humus. Das schafft im Nahbereich Lebensräume für Pflanzen und Tiere, die von Natur aus zu uns gehören.

Dies sind nur zwei von vielen Beispielen, die eine Naturschutzstrategie bezeichnen, die den Lebensraum des Menschen miteinbezieht und die die Grenzen des Schützenswerten nicht allein am Zaun sieht, der das Reservat von der Zivilisationslandschaft trennt.

Register

Zum Thema: Ökologie bei dtv

dtv 1753

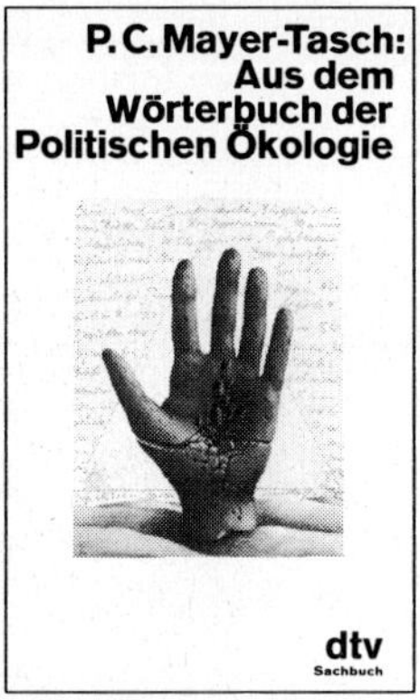

dtv 10371

dtv 10420

Herbert Gruhl:
Das irdische Gleichgewicht
Ökologie unseres Daseins
dtv 10419

Die ökologische Wende
Industrie u. Ökologie – Feinde für immer?
Hrsg. v. Günter Kunz
dtv 10141

John Seymour:
Und dachten, sie wären die Herren
Der Mensch und die Einheit der Natur
dtv 10282

natur im dtv:
Originalausgaben

Tierleben aktuell
Porträts bedrohter Tiere
dtv 10421

Natur-Denkstücke
Über den Menschen, das unangepaßte Tier
dtv 10422

Die bitteren Leiden des süßen Wassers
Flüsse- u. Seenporträts
dtv 10486

Fred Kurt:
Das Management von Mutter Natur
Eine Einführung in die Ökologie
dtv 10502

Natur-Berufsbilder
Vom Baumchirurg bis Zootierpfleger
dtv 10515

Frederic Vester:
Ballungsgebiete in der Krise
Vom Verstehen und Planen menschlicher Lebensräume
dtv 10080

Unsere Welt – ein vernetztes System
dtv 10118

Neuland des Denkens
Vom technokratischen zum Kybernetischen Zeitalter
dtv 10220

dtv

Bild- und Fotobände im dtv-Taschenbuch

Zeitgeschichte

Wilhelm Stöckle:
Deutsche Ansichten
100 Jahre
Zeitgeschichte auf Postkarten
Mit 66 farbigen und 67 Schwarzweiß-Abbildungen
dtv 10041

Franz-Josef Heyen (Hrsg.):
Parole der Woche
Eine Wandzeitung im Dritten Reich
1936-1943
Mit 104 farbigen und 5 Schwarzweiß-Abbildungen
dtv 2936

Joe J. Heydecker:
Das Warschauer Getto
Foto-Dokumente eines deutschen Soldaten aus dem Jahre 1941
Mit 101 Schwarzweiß-Fotos
dtv 10247

Natur

Konrad Lorenz / Sybille und Klaus Kalas:
Das Jahr der Graugans
Mit 147 Farbfotos
dtv 1795

Leni Riefenstahl:
Korallengärten
Mit 112 Farbfotos
dtv 10003

Technik-Geschichte

Manfred Hamm / Rolf Steinberg:
Tote Technik
Ein Wegweiser zu den antiken Stätten von morgen
dtv 10319

Ethnologie

Leni Riefenstahl:
Die Nuba
Mit 123 Farb- und 20 Schwarzweiß-Fotos
dtv 1734

Die Nuba von Kau
Mit 173 Farbfotos
dtv 10042